關鍵溝通，讓你更成功

邱珍琬　著

溝通就是競爭力！

溝通是21世紀最重要的能力，溝通能力決定生涯成敗。

除了低頭刷手機外，你還需要更好的溝通力！

諮商專家教你人際溝通術，讓你人際溝通滿分！

職場新鮮人、企業主管、教師、家長，必讀！

書泉出版社　印行

自 序

　　我一直很想寫有關溝通的書，之前寫過《家庭溝通宅急便》，是針對家庭裡的一些溝通行為，而真正讓我動手寫這一本書是因為最近重新將多年前翻譯的《傾聽》（作者為Michael Nichols）重讀一遍、做了修訂工作之後，感慨良多，在做修訂工作的那段時間，因為一點小事就與大妹不說話，而手中正在做《傾聽》的二版修訂，讀到裡面的許多案例，不免羞愧，似乎反映了自己就是「言行不一」的人，那麼我翻譯這本《傾聽》不是拿石頭砸自己的腳嗎？的確，「溝通」在親密的人之間很難做到最好，有時候甚至是最「不能」溝通的，讓我們更覺遺憾！也許因為文化背景的不同，《傾聽》中的一些案例或許比較不貼切，我希望可以藉由我們生活周邊的案例作更明確的說明。

　　寫這本書的另一個動機是長久以來自己擔任諮商師訓練的工作，了解諮商師基本上是以口語為溝通工具，而「傾聽」更是溝通的首要動作與能力，因此會特別強調這一點，而我寫溝通的書不因為我是溝通專家，恰好相反，我常常是在溝通中努力學習的。

　　關於「溝通」議題，最常出現在書肆裡的「商業貿易」或是「人際關係」類別中，比較著重在「如何說服潛在顧客購買商品」，而在「親職教育」這一塊也有著墨。寫這一本書的目的是要提醒自己，即便是擔任治療工作、也做諮商師

1

訓練課程，「溝通」這一門功課怎麼也學不完，而最重要的是「先運用在自己身上」。我常常告訴學生：「學習諮商理論，第一個就要用在自己身上，如果自己用了都無效，就不要用在當事人身上。」而在跟父母親或教師對話時，溝通也是很好的主題，連自己在日常生活中也常常因爲溝通問題會感到委屈或是不理解，有時候甚至可能犧牲掉重要關係。

溝通議題與「自我」及「人際關係」有重要關聯，溝通是表現自己、了解自己與認識自己的管道，我們從與他人的溝通互動中了解自己是誰、在他人眼中的形象爲何，以及需要如何與他人建立更好的關係、讓自己的目標更易達成、人脈更佳！

許多人以爲「溝通」是人的天性，是「不學而能」，但是事實上，「溝通」可以是「智慧」之一種，是一種能力，也可以經由後天的努力而獲得。倡導「多元智商」的哈佛大學教育學者Howard Gardner就將「人際」智慧列爲其一，許多人可以在陌生場合很快地與人打成一片，但是即便是「智慧」也需要後天的努力耕耘，可以對照王安石的「傷仲永」一文來看，小時聰慧的仲永，沒有加以陶養訓練，只是被父親當成展示品，成年之後也只是一介平民而已。

在大學有一門「人際溝通」的課程，我上過幾次，發現內容龐雜、要學習的很多，也不是靠單一學門可以完成，頂

多只是「入門」課程，裡面所要涵蓋與精通的內容，得是在日常生活中去運用與累積經驗。這本書裡面的許多想法與案例，都是我日常生活的觀察與臨床經驗的發現，「人際關係」是人類的基本需求之一，也是身心健康的重要指標，而「溝通」就是人際關係的主要橋梁，「溝通」其實涵蓋的範圍很廣，而且坊間書肆、甚至媒體傳播也不乏這樣的主題，可見溝通影響我們的生活多麼廣泛！

　　以往在寫教科書時，常常要引經據典，有時不免吊書袋，因此本書希望以普羅大眾的閱讀口味為主，儘量將內容白話文化、輕鬆可讀，也容易履行。雖然我在文中依然「三句話不離本行」，但還是會以諮商的相關情境或故事來做解說，希望這不會妨礙到讀者的閱讀。

目 錄

1

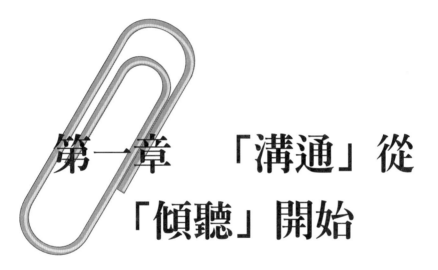

第一章　「溝通」從「傾聽」開始

溝通是人的基本需求，因為一個人不可能獨自而生，必須要與其他人類互動，是生存的必要，也是心理健康的必需，此外，我們也藉由溝通來定位自己、知道自己是誰？在他人心目中是什麼模樣？希望自己此生可以成就的生命型態為何？而溝通還可以讓我們達成自己想要的目標，也是建立關係很重要的途徑。哈佛學者Howard Gardner的「多元智慧」（multiple intelligence）理論，其中有一項就是「人際智慧」，而人際智慧不僅是一個人能力展演的面向，也是目前全球競爭很重要的必備工具，因此，良好溝通知能也是個人生涯成敗的重要因素。

許多人誤以為溝通是與生俱來的能力，其實應該說是「語言潛力」與生俱來，而非溝通，溝通需要後天的努力與學習，而且我們慢慢會發現溝通不只是「語言」部分的能力而已，還需要其他的「配備」來輔佐與加強。動物雖然不用人類的語言，但是也有溝通的方式，有研究指出狗狗可以了解人類至少兩百個字彙（養寵物的人應該很清楚），由此可見，即便是使用不同「語言」，還是可以溝通。「溝通」的功課通常也不是從語言文字的使用開始，而是從「傾聽」。想想看一位母（父）親與初生兒間的互動，常常需要先觀察、猜測、嘗試錯誤，慢慢地也可以了解到孩子的需求為何，並做適當的反應，這樣的研究在心理學上稱作「依附行為」，也就是主要照顧人與孩子的互動情況，目前已經發現這些早

期的依附行為會影響到成人後與人互動、以及親密行為。在本書裡我不希望以研究或吊書袋的方式呈現，而是以輕鬆、平常的語彙來進行，因此不會將「依附行為」以教科書的模式介紹給大家，但是讀者其實在字裡行間還是可以了解依附行為對於人際行為的影響。

溝通是雙向道路

「說」是需要「聽」做前導的，也就是先用「聽」來模仿、有所準備之後，「說」就似乎是渾然天成，也怪不得現在學習語言很強調「學習環境」，例如將一個人放在全英語的環境，在周遭環境的薰染下，學習比較快速。聽力無損的人，可以較容易學習說話，若是聽力受損，在發音部分或是習慣上較不容易抓得正確，所以偶而會覺得「聽起來怪怪的」，可見我們的聽力不只是模仿而已，還可以協助我們修正發音與錯誤。

我們的五官在溝通上都具有重要功能，眼睛可以看見，但是也需要聽力的輔佐，加上其他觸覺、味覺與嗅覺都是重要的溝通條件，倘若欠缺其一，就必須由其他的官能來補足，要不然很容易產生誤解。舉例來說，「看見」前面有兩個人在交頭接耳（動作），會以為他們在談一些秘密的話，倘若前面兩人平日與你交惡，你可能就會「認為」他們在說

你的壞話，因此需要「聽到」實際內容才可以證實你的「猜測」是否正確。或是當妻子發現丈夫語無倫次，「聞到」他身上的酒味，然後問他：「你這麼晚回來去做什麼了？」「我在公司加班。」妻子很難過，因為丈夫「說謊」（或是只是說了部分的事實，如先加班、再去喝酒），因此對丈夫的信任度就減低了一些。其實現在科技發達，可以用網路或是電話簡訊做聯絡，當然這也補償了語言溝通的不足，然而也容易因為只是「文字」的傳輸，必須要十分精確才不容易引起誤解，同時因為少了其他訊息的提供，可能也表達不完全。例如現在年輕人分手，常常是一個簡訊「分了好了」或是「就這樣吧」，甚至就是自此不聯絡。簡訊太「簡單」，可能是避免尷尬或是不舒服的感受，但是也因為沒有充分表達，留下許多的情緒「殘留」，對彼此都不是「善了」。

　　如果說「聽」是主要的學習管道，那麼「說出來」就可以作為練習與修正。因為「溝通」是「雙向、互惠」的，因此不是「輪流說話」而已！許多人在聽別人說話時，其實是在期待「換我說話」，也可能因此忽略了傾聽的重要性；而從另一方面來說，為什麼我們都那麼急著想說話？原因無他，「希望被了解」而已！

　　心理學上談到人有「被認可」的需求，也就是除了「被看見」之外，還要能夠「被接受」與「被肯定」，「被聽見」就是「被接受」的第一步，只有「被聽見」才有進一步

「被了解」與「被肯定」的可能，這也是人渴望被尊重的基本需求。

在諮商師訓練課程裡，「傾聽」通常就是諮商師訓練的第一步。在實際諮商場域中，諮商師必須要先學會「聽」，聽到與了解之後，才可能進行下一步的處置或協助問題解決。然而「會」聽，也是一種需要學習與練習的技巧，一般人以為只要花時間給對方就表示「聽到」，其實並不然！有時候我們發現即使對方花時間聽我們說，卻不一定「聽到」或「聽懂」了！像是有時候父母親在忙，孩子卻站在一旁急於分享今天在學校發生的事，於是家長就說：「沒關係，你說，我在聽。」手中的工作也沒有因此放下來，孩子說了一陣子之後，沒有聽到或看到家長的反應，可能就退縮了、或就停止不說了，另外家長可能會敷衍因應，但是也容易被孩子察覺，反而認為家長不在乎他／她，受傷的心情也許會久久揮之不去。

我們在聽人說話時容易犯的第二個錯誤是：假裝在聽。以上面的案例來說，即便家長放下了手邊的工作、坐下來聽孩子說話，但是在聽孩子說的過程中，腦袋裡還在想著未完的工作，或是在思考要怎麼回應孩子所說的內容，這也不是「聽見」的表現，因為腦中所思考的這些已經妨礙了「傾聽」的動作，家長可能會漏聽一些重要資訊。

溝通是「雙向」的道路，不是一方說或做傳達動作而已，

另一方先是「接收」訊息，接下來會做適當反應，這一來一往之間就構成了溝通管道。溝通也有目的，也許是傳達訊息、表示意見，也許是尋求合作或認可，也許是為了增進關係，或是打發無聊。有些人說要「溝通」，事實上只是要對方被動地聽而已，因此不符合「溝通」本意，真正的溝通是有「來」有「往」、有「給」有「予」，換句話說就是：對話的雙方是站在希望完成某個特定目的所進行的資訊傳輸與收受的動作。

溝通是所有資訊的總和

人與人對話時，彼此所接收的訊息不只限於口語的內容而已，還包括語氣、語調、臉部表情、肢體動作，甚至是彼此過去與目前的關係等，因此所溝通傳達的是這些資訊的「總和」。中國人說「言行一致」，在與人溝通時，我們也會注意到這些訊息，倘若對方說話時眼神閃爍、語氣敷衍，我們可能會認為對方不真誠、所說的必定要打折扣；或是說話者嘴裡說「好」，但是依據以往與此人互動的經驗，讓我們不敢將他口中的「好」當真，因此也不免猜疑或焦慮。因此，在談真正真誠的溝通時，不僅發送資訊的人（或說者）需要留意自己傳達資訊時的態度、肢體動作與內容，接收者（或聽者）也一樣會注意到這些全部的「總和」，也因此溝通學者說

溝通其實是傳達與接收了一個「包裹」（package）的訊息，可見這個「包裹」的內含物有多少了！

　　溝通時倘若發現對方是「不一致」的，我們對其所說的內容與誠意就會大打折扣！我詢問過大學生：「如果一個人所說的與所表現的不一樣，你們會相信哪一個？」他們異口同聲說「表現的行為」，可見一般大眾的看法對於「可信度」這一點還是差不多的。溝通既然是所有資訊的「總和」，也就是說，溝通時彼此之間所有「呈現」與「未呈現」的訊息，都可能影響溝通內容與效果。

『溝通』從『傾聽』開始

　　溝通是雙向的管道，一個說、一個聽，表面上看似「輪流」、很公平，但是事實上卻不然。有些人善於聽，有些人喜歡說，會聽的人不一定會說，會說的人也不一定願意聽，這些不同組合就會產生不同的結果。許多專家都告訴我們，「聽」比說重要，而且「傾聽」是「說得好」、「說得恰當」的第一步。我們從出生開始也是從學習「聽」開始的，不是嗎？在未能說話之前，我們已經會用其他方式，像是哭、喊、發出聲音、或做出動作來吸引照顧人的注意，藉此來表達（溝通）我們的需求，然後獲得滿足；而照顧者就需要培養出「會聽」的能力，儘管嬰兒還沒有發展出說話的能力，

但是照顧者卻需要在孩子所表現出來（不管是哭、喊、動作或表情）的線索中摸索出孩子想要表達的「可能意義」，然後才可以做出相對應的動作，滿足孩子的需求，由此觀之，「溝通」可不單是語言的問題而已，其他舉凡語氣、動作、臉部表情、姿勢等等，都可以是溝通的管道。我們在學習正式語言之前，也花了許多時間在作「聽眾」，慢慢熟悉自己文化使用的語言、動作與習慣，後來會仿效，然後就在生理成熟之後開始開口說話。很多情況下，我們也許不清楚某句話的意思，但是還是會使用，後來可能發現錯誤，也做適度修正。

我在國小三年級時，不知道什麼是「未必」的意思，但是常常聽到周遭有人在使用，對我來說是一個「新鮮」的辭彙，也誤解其意（我以為是「一定」），於是有一回在參加作文比賽時就在最末段加上這麼一句：國父革命「未必」成功！後來有高年級的學長才告訴我這一句詞的真正涵義是「不一定」，因此也就功虧一簣！從這裡看來，溝通首先要學會「傾聽」，而且是「會」聽，真正理解意思之後，才可能做正確的反應與運用。有一回我看到九歲的外甥在玩怪獸對打機，他用右手一直搖，幾乎都沒有間斷過，我於是告訴他可以換手搖，因為過與不及都不好，凡事要「適可而止」，然後反問他知不知道？他當然回說「知道」，但是我發現他的回答很敷衍，於是「好為人師」的精神就出來了，

009

我要他以「適可而止」造一個句子，他說：「阿嬤有『四個兒子』！」可見方才傳達時他並沒有真正聽見，因此我才有機會修正。「傾聽」的確影響下一步的回應，當然也會影響接下來的溝通，所以溝通的第一步就是傾聽。

傾聽的功課

我記得我在剛接受諮商師訓練時，那位恩師只說了一句話：「好好去聽你的當事人。」但是當時功力尚淺，沒有完全意會到老師的用心，只是將「諮商」當作「技巧」的學習，雖然在表面上佯裝自己是在聽（如擺出專注姿態、與當事人眼光做偶而接觸、也善用摘要與情感反映），但是效果不佳！慢慢地，我才明白所謂「傾聽」的真正意涵：就是全部心意放在當事人身上，不要想其他，也不要去想待會兒要怎麼回應當事人的描述或問題。我也發現：當我很專注在聽當事人說話時，我根本就不需要去擔心自己是否會做出適當的反應或處置，因為我所需要的資訊都在我的傾聽中出現了，而反應也會自然生成！

只要我按捺住性子、不要急著了解或做反應，一般的案子都可以獲得不錯的解決。有時候只是好好傾聽，當事人自己都會整理出頭緒，以及解決之道，而有一個願意花心思與時間給她（他）的人在那裡陪伴，對當事人來說就是最大的

支持與酬賞。有一次，我聽一位高二同學在諮商室花了一個多小時罵學校考試出題爛、老師也爛，什麼都爛，下一節課上課鐘響，他就起身要走人，我於是問：「沒事了？」他回我一個靦腆的笑容：「老師，其實是我自己沒有準備好，我自己也要負責，不過，說出來真的好多了！」他需要的就是一個「不打岔」的聽眾，我只要好好地聽就可以了！而且在他敘說的過程中，他也有機會去釐清自己的想法與感受，所以有了一些反省。還有一次是一位高三同學突然說唸不下書、就來諮商室走走，他提到自己從小交朋友都不順遂，有時還被惡意排擠，一個故事接著一個故事，情況都讓人鼻酸，但是他在敘述時卻毫無表情，我在聽了近一個小時之後道：「好痛！」因為我可以感受到他屢次被拒絕的難過與失望心情，於是就替他說出來，沒想到他的淚水就像斷了線的珍珠一般開始滑落，接下來的敘述就可以看到他不同的面部表情，以及情緒的起伏。這個孩子到底是受到了多大的創傷，卻沒有人願意去了解啊！站在諮商的角度，我們通常會說「打開情緒之門，只是諮商的第一步」。

　　另外一次，高三畢業生要辦離校手續，有一位我負責班級的男生因為之前拒交週記而被記了一個小過，現在希望可以消過，不要留案底。他來找我蓋章，這是手續的一部分，我想之前教官、導師們一定是該罵的、該說的都做了，不差我這一關，於是拿著印章在手上問：「你只要告訴我寫週記

的三個好處，我就蓋章。」

　　學生看看我，馬上就說：「可以練習作文。」

　　「好。」我同意，就用手指比了一個「一」：「第二個？」

　　「可以說一些心裡的話。」學生道。

　　「何以見得？」我問。

　　「就像我每個禮拜會回中部，禮拜五晚上回去，星期日下午回來。」學生開始侃侃而談父親對母親施暴，自己身為長子很擔心母親受傷，弟弟雖然在當地唸書、個子也比自己高大，但是他就是不放心。我接下來就與他討論母親的自保之道（當時還沒有性別平等法），以及他可以做到的一些事項，當然不需要第三個理由，我就蓋了章了。很不起眼的一個「消過」過程，但是只要願意花時間與心思去聽，可以多了解當事人的故事與經歷，有時候還有意想不到的收穫。

　　我常常跟學生說：作為諮商師是一種特權，因為當事人信任我們，願意告訴我們有關他們的故事，也許私密、也許不見容於一般社會，甚至是羞恥的故事，我們就要珍惜這樣的特權，好好為他們服務。這當然不是「探人隱私」的天性使然，而是借給當事人願意傾聽的耳朵與用心，去感受不同的生命故事與型態，不僅讓當事人可以重新得力、振作，我們自己本身也因為這個「特權」，可以協助暫時陷在生命困挫之境的當事人，也因而覺得自己有用、對人世間更存有悲

憫之情。

　　但是，如果說「傾聽」是溝通的第一步，傾聽的功課有哪些呢？

一、傾聽能力不是與生俱來

　　很多人以為我們既然有聽力（覺）就會聽，這是很大的誤解，要不然為什麼我們常常要處理「溝通」的問題呢？其實「溝通」問題的最大障礙是「傾聽」，而不是「溝通」，因為唯有先「聽到」，才有進一步溝通的可能性。「聽見」（hearing）是一種天生能力，而「傾聽」（listening）就是後天養成的能力；我「聽見」有一隻蚊子在飛，但是我卻不會「傾聽」蚊子「起飛」到「降落」的整個過程，所以也會發生有「聽」沒有「進」的情況（所謂的「左耳進、右耳出」或是「馬耳東風」）。「聽覺」是我們生存的本能之一，讓我們「聽見」美好的聲音或是危險的可能性，「被聽到」是每個人的心理需求，但是「傾聽能力」卻不一定是每個人都可以完全掌握。

　　有些人也許比較能夠當聽眾，因為他們接納度夠，可以讓說話的人覺得自己說話沒被打岔、或是被誤解；有些人很會說，而且說得很有趣，也吸引人，但是會說的人不一定「會」聽，相反地，會聽的人也不一定「會」說。然而有個前提是對的：要說之前，必須要先學會「聽」，要不然對方不

一定「願意」聽你說。只是純粹當「聽眾」並不表示是個「好的傾聽者」，好的傾聽者除了要願意聽、會聽之外，還要知道「聽到什麼」以及「如何做回應」。

二、傾聽需要練習

我們一般比較重視「說」的能力，因此我們常常會聽到這樣的對話：「他就是這樣，不敢表示自己的意見。」或是「男孩子本來就比較口拙。」但是「說」的背後也應該有一些內涵與品質做後盾，要不然說出來的東西也沒有「營養」。我們學習的進度也是從「聽」開始，孩提時代我們會「聽」，卻不一定可以表達正確或完整，隨著行年漸長，情況雖然改善許多，然而我們其實也很清楚：腦袋所想的跟表達出來的還是有距離，總不能如實、百分百地表現出來。

「傾聽」需要練習，而它也可以成為一項技能。傾聽需要練習「耐性」，也就是要花時間與精神，也給對方注意與時間。我們一般在訓練準諮商師時，會採用一些既定步驟來「練習」傾聽，包括：開放姿勢（坐姿要讓對方覺得沒有防衛、不緊張、也專注）→簡述語意（把剛剛所聽到的「大意」說給對方聽）→情感反映（將對方所說或表現出來的明顯情緒或感受說出來，讓對方知道）→同理心（將前二者融合在一起，還站在對方的立場去感受他／她可能隱藏未說的情緒，並且替他／她說出來）。新手諮商師常常按照這樣的

步驟走，但是有人反應「太做作」，好像只是爲了「表現」而做出這些「不自然」的動作。這樣的批評有若干道理在，然而也不失爲技能養成的一個「過渡階段」，怎麼說呢？因爲：一個新技能剛開始學習時本來就會生澀、不熟練，甚至尷尬；再者，要將技能「自動化」也必須經過這些不順與尷尬，多次練習之後，才可能嫻熟生巧。以下就「傾聽」的元素（或「練習步驟」）做簡單介紹：

（一）專注動作

要表現出傾聽，第一步就是要將專注的姿勢或動作做出來，而且要是「開放姿勢」。表面上的姿勢做出來，可以讓對方「看到」你（妳）願意傾聽，甚至是不帶有批判意味的態度。「專注動作」是要「表現」出「接納」與「開放」的態度，願意「花時間」的耐心，如果有人手中在忙事情、不可開交，卻告訴你說：「沒關係，你說你說，我在聽。」你相信對方的誠意有多少？就像一位職業婦女趕回到家做飯，一面還要應付上幼稚園大班回來、急著要跟母親分享她今天生活裡發生許多事件的孩子，媽媽忙得汗流浹背、鍋鏟齊飛，卻告訴女兒說：「妳說啊，我在聽。」女兒也許會信以爲眞，滔滔不絕地在說自己的故事，母親偶而還會發出「喔、啊」的聲音表示回應，但是媽媽眞的在聽嗎？還是虛應一應故事？眞相很快就會出現！當女兒發現媽媽的回答是漫不經心的、或是牛頭不對馬嘴，她就知道自己沒有被聽

見，下一回也許就不再嘗試。雖然母親用意良善，卻沒有真正在聽，孩子也因此容易受傷。也因此，我們常說：「動作要做出來」，因為「做的比說的力量更大」！孩子也會觀察大人的動作，對照所說的話，就可以「判定」真假，反過來說，一位父親與青少年孩子對話，父親在告訴孩子應該注意的事項，孩子雖然垂手而立、眼睛下睇，但是不是真正聽進去了？當我們需要對方「聽見」的時候，對方卻沒有滿足我們的這項需求，那種挫折感是很大的，有時候甚至會有「被拒絕」的感受，如果你想到這一環，可能就會比較了解前例那個女兒與父親的心情了！

我曾經碰過一位學生形容：「不知道怎樣，跟她說話就感覺『毛毛的』，因為她雖然是對著我說話，但卻不是真正在『對我』說話，她的眼神飄啊飄的、好像在想事情，我後來就不想講了。」所以，「聽者」的「態度」很重要，但是「態度」要表現出來，雖然感覺上有點「做作」，卻是傾聽必要的條件！要表現「專注傾聽」，先找一個可以安靜傾聽彼此的場所，然後雙方可以舒適地坐下來、不受外界干擾，身體方面要放鬆、有彈性（不要環抱雙臂、甚至身體側一邊、或翹著二郎腿），眼神要偶而與對方接觸（但不要死死盯著對方看），身體自然前傾，臉部表情會隨著說話者所說的劇情與情緒而自然表露，也會問好奇（探索）與適當的問題，偶而還會有口頭發聲或發問（如「嗯」、「啊」、

「唉」、「什麼」、「怎麼會這樣」）、手勢或其他身體動作的表現。

此外，還需要有「開放的姿勢」，這包括了身體姿態的伸展與彈性，不是緊繃、不自在，而且是「直接」面對面、不是斜向一旁或是緊縮身體（如環抱臂膀、或是翹腳），表現出來的態度、神情要較為自然，不要顯示出「我知道你（妳）要說什麼」或是「索性聽一聽，反正（妳要說的）不重要」的態度。

練習傾聽可以從最親近的人那裡著手，但是我們其實也發現自己「最難」傾聽的對象就是與我們關係最密切的人。可能是因為「期許」不同（親近的人怎麼會不了解我呢？），也可能認為我們在乎的人「理所當然」會聽得懂我們所說的。在課堂上我要求學生去找一位自己認為很「囉唆」的家人（通常是父母親）去練習，給對方完整、不打岔的五分鐘，好好去傾聽一下，看有什麼情況會發生？這位「囉唆」的家人可能是因為：感覺自己說的沒有人聽，所以就「自動倒帶」、一直重複；要不然就是認為自己說的「很重要」，應該要傳達出去。當然學生們帶回來的答案有很多，有的發現媽媽愈說愈起勁，也有人發現自己「第一次」聽到父親要傳達的訊息，還有人認為還是「老樣子」，沒有改變，但是至少是一個好的開始。

常常「自動倒帶」的人，也會讓聽的人「自動」將耳朵

關閉起來（所謂的「媽媽聾」mother deaf——就是一碰到是
媽媽張口說話，耳朵就自動關閉、不聽），讓說的人覺得很
挫敗，聽的人很無奈或不耐。有學生與研習者在實際生活
「練習」之後帶來的心得是：「雖然我媽不再嘮叨了，可是
卻只是換了話題而已，還是繼續『重播』啊！」我回應道：
「至少，不再炒作舊的議題，不必再被疲勞轟炸了。而嘮叨
繼續可能是因為要提醒妳（你）的事項太多了呢！不這樣重
複，好像就沒有盡到做家長的責任。」雖然結果並不是那麼
完美，但是想想對方「被聽到」之後的感受，是不是不一
樣？而你們彼此之間的關係有沒有更好？

　　做傾聽動作的時候，請你注意到以下幾點：

1. 你／妳的身體有沒有自然前傾？想要好好聽對方說一
　 段時間？

2. 你／妳的眼睛有沒有偶而注視對方？甚至會將眼睛大
　 概放在對方肩部以上的位置，並作適當移動？

3. 你／妳手上是不是有任何物品，或是在忙著處理一些
　 事？（最好將這些東西先放在一邊）

4. 你／妳與對方談話的環境是不是夠安靜、不受打擾？
　 （包括不要讓手機妨礙你們的談話）

5. 你／妳是不是會適時發出一些聲音（像是「嗯」、
　 「啊」、「所以……」）、做出一些動作（像是皺
　 眉、驚訝、手部動作），或是問一些問題（像是「然

後呢？」、「還有呢？」、「天啊，怎麼可以這樣！」）（不要只是聽，而是要有適度反應）

6. 隨著當事人敘說過程而自然有情緒表現？你／妳會不會隨著說者所說的內容，自然而真誠地表現你的情緒？當對方有激動情緒時，你／妳會不會焦慮而緊張？或是急著要說話、化解尷尬？

7. 當你／妳在傾聽的時候，有沒有把心裡面的其他瑣事給排除？「專心一意」在聽？也就是除了專注的「動作」之外，還需要專注的「心」。

「開放」姿勢只表現了「專注動作」的一部分，最重要的是「心」要專注，也就是要把舞台讓給說的人，自己不要存有許多想法或是先入為主的意見，真正地挪出「空間」來聆聽。

（二）簡述語意

「簡述語意」就是將所聽到的以自己的話、簡短摘述讓對方聽到。傾聽的動作裡還需要將所聽到的「傳達」給說的人知道，這就是「簡述語意」，「簡述語意」就像我們小時候寫國語作業的「本課大意」一樣，將自己所了解的內容重點，用自己的話表達出來。「簡述語意」有兩項功能：一是讓對方知道「我聽見了」，二是讓對方可以有「澄清」或「修正」的機會。「簡述語意」雖然是把說話人所說的「內容」做摘要，但是並不是像「鸚鵡學話」一樣模仿、複製，重點

019

在於「用自己的話說出來」。當然，讀者們也會發現：光是做「內容摘要」還不一定是最好的，倘若可以將敘述人的感受也一併放入，說的人會感受到更大的感動與震撼！

我們在日常生活中，有時候可能因為時間急迫、或是沒有耐心，這時候如果對方還沒法抓住我們說話的重點，真的是很令人難過的事。有一回一位研究生詢及一個當事人的問題，因為那位當事人可能有嗑藥習慣，但是研究生希望自己還是可以接這個案子，於是她問我該如何協助這位當事人。我告訴她幾個方案之後，她也提了一些問題，對我來說，我希望她可以去找一些資料，更了解與嗑藥相關的知識，然後才進行治療會更得心應手，但是學生似乎還是仰賴我可以給她像食譜一樣的處方，這個時候我就發現自己的情緒在升高，語氣也開始不耐煩起來，後來我深吸一口氣，很平靜地告訴學生：「去找有關藥物濫用的資料來看，妳會更有準備。」當我發現對方不懂我的意思時，我不能期待她可以「猜透」我的心思，因此最好的方法就是明白告訴對方我的重點在哪裡、要她做的是什麼，不就減少了一些可能的誤解與情緒騷動嗎？

舉個例來說，麗文告訴妳有關自己的婚姻是多麼不幸，選的對象不是自己喜歡的，也沒什麼感情基礎，生下孩子之後，讓自己把生活重心放在孩子身上，但是卻也傳出了丈夫外遇的消息，自己要去抓姦、又擔心婚姻不保，要照顧孩

子、又覺得丈夫忘恩負義，眞是身心俱疲！在妳聽了麗文敘述每一個故事環節之後，妳可以說：「妳覺得自己步入了錯誤的婚姻，卻硬著頭皮繼續下去，本以爲孩子出生後情況會好轉，但是事與願違，丈夫又不忠，妳在保住家庭與離開婚姻之間掙扎，已經覺得快要崩潰了！」通常「簡述語意」的長度較之說者所敘述的要精簡許多（所以才叫「簡述」），而且是用妳自己的說話方式，就方才所聽到的做一個「言簡意賅」的摘要。只是很單純的「簡述語意」其實較不常見（只是作爲練習之用），因爲每一個陳述其實還有一些「情緒」的成分需要兼顧，因此就必須搭配下述的「情感反映」同時呈現，更能抓住說者的重點。

（三）情感反映

「情感反映」就是將敘說者在陳述過程中可能有的明顯與隱藏的情緒「表達」出來，通常是在做「簡述語意」時一併表現。我們最容易看見的是對方臉上的表情或動作，可能是雙手搓揉很緊張，或者是眼神不定很擔心，或者是雙手握拳很生氣，甚至對方會很明白地說道：「我眞的太害怕了！」這些都是很好的「情緒指標」，可以讓你／妳看到或感受到對方的心情。然而光是表面上的情緒還不夠，更好的情感反映是將「內在」（或隱含）可能有的情緒也表達出來讓說者知道，這就需要觀察、練習與努力的工夫了！最好就是站在對方的立場（「如果換作是我的話」）去思考、去感

受、想想可能會有的動作，也許對方雖然生氣，卻含有覺得丟臉、莫名奇妙的情緒，你也可以說出來或只是猜猜看，可以更清楚說者的真實感受，這個動作就是「深度情感反映」。例如：

> 小芳低著頭，雙手緊緊放在身旁，也不敢抬頭看我，她說：「我不知道該不該說出來，可是我又很擔心。」
>
> 「沒關係，」我說：「通常第一次來諮商室的人都會如此，因為不熟悉這裡，也面對著一個初次見面的陌生人，卻又要談跟自己切身有關的事，的確會很緊張、焦慮，甚至害怕。我可不可以把諮商室裡我們可以做的事跟妳說明一下？」

在以上這個案例中，我看到小芳低頭（可能是擔心、害怕），雙手緊緊放在身旁（也許是焦慮的表現），不敢抬頭看諮商師（也許是覺得丟臉、不自在，或者是因為陌生、不熟悉），但是她也說出了她的擔心情緒。我將她表面上所呈現的肢體語言（如低頭、雙手緊放一邊）、口頭表現（「很擔心」）可能表達的情緒給說出來了，當然這些情緒還是需要小芳做「確認」動作。

（四）同理心

我們常常聽到「同理心」這個名詞，可是卻不一定了解它真正的意涵，簡單說來，如果將「簡述語意」與「深、淺度情感反映」一起使用，就是所謂的「同理心」，除了去「感同身受」之外，還需要「表達出來」。同理心是人際溝通最重要的因素，愈有同理心的人，他／她的人際關係愈佳！「同理心」最簡單的定義就是「站在對方的立場去想、去感受、去思考可能會有的行動，然後將所聽到的故事與感受，用自己的話說出來、讓對方知道」。如果說「傾聽」是一種能力，「同理心」當然也是，因此需要不斷地練習。「同理心」的表現就是結合了「簡述語意」、表層與深層的「情感反映」，不僅讓對方知道你／妳了解他／她的觀點，也清楚他／她的感受，甚至是他／她為什麼有這些舉動的原因。當說者感受到「被聽見」、「被了解」時，是一股很大的動力，他／她可能會笑／哭出來，同時也會打開心房，願意邀請你／妳繼續探索下去、與你／妳對話。

「同理心」正確表達出來時，通常會看到當事人解脫、輕鬆的情緒，也會看到當事人被了解後的情緒表現（他們也許會哭出來），這是我們所說的諮商「第一步」，也就是打開當事人的心防，治療就要開始！有研究證明，有同理心的人，人際關係優於較無同理心或自我中心的人，也就是說，同理心是人際關係的最重要關鍵。

　　學諮商的同學常常會問我：「老師，我的督導說我對當事人缺乏同理心。」特別是在第一次（初次）晤談的時候，許多新手諮商師將晤談目的設在「資料蒐集」，因此不免會問了「過多」的問題，導致當事人彷彿就是為了回答與應付諮商師的問題而忙碌，諮商師的表現就可能較少去體會當事人的心境與情緒。即便是資料蒐集、迫於時間的限制，也可以表現出相當程度的同理心，因為整個諮商過程都是資料蒐集的過程，不需要限定在第一個小時就搞定，況且當事人有些情況的確會隨著時間有變動，治療計畫當然也要隨著做調整。雖然每一個人都只能過自己的一種人生，然而設身處地、聽聽他人的不同生命經驗，也可以讓我們「擬似」體驗了不同的生命進程，增加我們的知識與寬容，也拓展了體驗與理解情緒的範疇。

　　以前是新手諮商師的時候，我誤以為諮商師必須要相當「客觀」、沒有私人情緒的摻入，後來很快就發現不行！一來自己必須要壓抑真實的情緒、不能表現出來，感受到很大的壓力！二來是考慮到當事人會有怎樣的想法？是不是面對著一個「無血無淚」的治療師？我這樣有資格做治療師嗎？再者，來到諮商室的都是生命中遇到困挫或瓶頸的當事人，他們一定會談起自己的遭遇，這些境遇通常都不是愉快的、或是極為痛苦的，一般人聽了都會有情緒的表現，諮商師怎麼可能例外？後來我發現：只要我好好聽，願意放下所有

混亂的思緒，「放空自己」來傾聽當事人的故事，我的同理心就會自然表現出來，不需要刻意雕琢。「同理心」就是「以己之心『度』人」，這個「度」是揣測、比擬的意思，假想自己是對方會有怎樣的情緒表現？有什麼想法？會採取哪些行動？

　　有線電視台HBO曾經在多年前播出一個記錄片，內容大概是描述十多位心理治療專業人員與八位在青少年期就犯下重大案件（如弒親）的受刑人工作的實錄片段，這些治療人員總共花了近一年的時間「才讓」這些受刑人在談到自己的犯行時有適當的情緒表現。因為在此之前，這些受刑人即便在法庭上出席，看到受害者（甚至是自己）親人的悲慟控訴，都是面無表情、彷彿與己無關，也就是說，受刑人無法去體會（同理）受害親人的情緒，如果維持這樣的狀況，治療基本上是無效的，其實也無法進行，因此治療人員的第一步就是「喚醒」受刑人的人性與情緒，可以感受、同理他人的感覺，然後接續下來的治療才會發揮效能！學步兒看到有同伴跌倒，自己會先哭起來，因為她（他）之前也跌倒過、知道那種痛，因此看見別人跌倒，就很容易「同情」對方的處境，但是隨著年齡漸長，我們為了要求生存，往往就掩飾或是隱藏了自己的真實情緒，讓他人無法猜測我們，而這道「防衛的牆」要做適度的突破，才會有真誠交流出現。

三、傾聽是「主動」的工作

「溝通」因為是雙向互動，所以基本上也是一個「主動」的工作，有人說「聽」應該是「被動」的吧？但是由上所述，不少讀者應該可以了解：「聽」其實也很費力，確實一點說，「聽」也是需要「主動」的努力，讀者想想與朋友聊天，即使只是透過電話閒聊，過了幾十分鐘還是挺累人的，不是嗎？我們許多人在聽的時候很有「選擇性」，會選擇自己想要聽的內容來聽，不想聽的就「隨他去」，這與每個人的「需求」有關，由此可見，傾聽的確是「主動」的工夫，經由「選擇」之後才進行「聽」的動作。「願意」聽很重要，而不是因為「必須」或「應該」，而「願意」就是一個積極而主動的動作，因為「主動」，所以會盡心盡力，因此會有疲累的感受。「主動」還意味著「去聽見」重點，包括對方所要陳述的以及陳述不足的，所以在聽的當兒，會全神貫注在對方身上，不僅聽到對方所說的、還聽到他／她可能會有的感受。

「主動」的傾聽不僅傳達了聽者願意去了解、探索的「動機」，也會引導說者「願意」說出更多，因此就像是雙人跳舞一樣，可以舞出更活躍的舞步！

四、傾聽需要花時間與心力

　　傾聽的工作是需要花工夫去練習而習得的一種能力，因此也需要花相對的時間與心神去完成。接受諮商師訓練的學員在剛開始學習傾聽時一定有個共同的感受就是：「傾聽」很費心力。通常五十分鐘的諮商時段一結束，總覺得自己好像被掏空了，不只是身體上覺得疲憊，心理上也覺得空虛，當我們花了時間、心力去聽對方說話，其實是耗力耗神的，新手諮商師在未做臨床接案之時，很難體會這個道理，但是一旦開始接案了，馬上就感受到身心的疲累，若是一天之內又接了三個以上的案子，更是精疲力竭！為什麼會如此？原因無他，用心用力而已！可見真正專注去聽是需要全心全力。因此，當我們真正想要傾聽時，不只是要在一個安靜、不受打擾的空間進行，還需要在體力與心態上準備好要聽，要不然效果就不如預期，而對方也會覺得沒有被真正聽見。所以，在身心疲憊、或是有事待辦的情況下，不適合做傾聽，應該先將手邊要忙的事務完成或告一段落之後，挪出空間與時間來傾聽。因此如果你／妳真正想要傾聽，也要花「時間」給對方，而在聽的同時需要「用心」去聽，因此也會花費「心力」。

五、傾聽是「認可」對方有說的權利，也表現出「尊重」

「聽見」對方有兩層意義，一是「認可」也「接納」對方有表達自己意見與想法的權利，二是傾聽也表現出我們「尊重」對方的態度。好好地聽，會讓說話的人覺得自己被接納、被尊重，因而也會相對以同樣的態度做回饋。我們在日常生活中很少有機會被「真正」聽見，因為我們總是很忙碌，有時候心也很忙，因此即便有事要說、要溝通，總是很匆忙，或是手中、心上還忙著別的事，因此如果有人願意「傾聽」，說者的感受就彷彿被涵容、接納，那種滋味是會讓人感動的！

擔任專業助人工作，我們有一個「特權」，就是聽見當事人很私人、甚至是對方認為不堪的一些生命故事，因此也要特別謹慎小心，而當事人可以在信任安全的氛圍下說出自己壓抑已久的心事或是擔心，那種輕鬆感可以想見！可見，諮商師的「傾聽」功夫多麼重要！

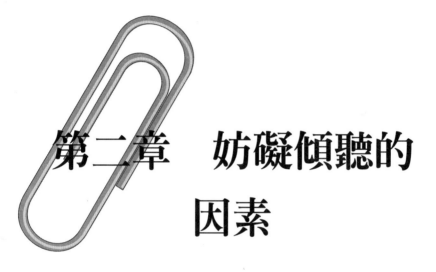

第二章　妨礙傾聽的因素

　　溝通既然從「傾聽」開始，那麼在提到「協助」傾聽的部分之後，有必要將妨礙傾聽的因素也列舉出來，在相對照之下，可以更清楚「積極傾聽」的竅門。

一、傾聽時的時機與物理環境因素

　　如果在過分吵雜的環境下要企圖做良好溝通，的確有其難度；倘若要溝通的對方是帶著耳機聽音樂、或是手中忙於其他事務，要做良好溝通也不容易；如果要做溝通的時候，「時機」不對，可能也會影響溝通效率。然而，在某些時候，這些時間與物理因素卻可能讓溝通更順暢，怎麼說呢？如果平常在家跟丈夫說話，他都是敷衍了事、虛應一應故事，或是要談正經事時，家中孩子會打擾或吵鬧，最好找一個較為公開的場合（如餐廳或咖啡廳）來談需要對方關注的議題，因為在公共場所彼此都會礙於場地的緣故，不敢造次，也至少維持基本的禮貌，可能就會讓溝通順利進行。所謂的「時機」包括話題適不適當、彼此身心準備好了沒？當時的外在環境可以讓溝通順遂嗎？這種種因素都需要列入考慮。溝通學者會將這些妨礙溝通的因素稱之為「噪音」，除了上述物理環境中的條件外，還有生理與心理方面的噪音，前者是指生理上出現的不舒服狀況（如生病或疲累），心理上的噪音還有個人本身的成見、經驗或過往關係等。

　　有些時段不太適合傾聽與溝通，所以就必須要做適當的

調整，像是下班或放學後，大家身心都很疲累的狀態下，甚至累積了一些負面能量還沒有釋放，在這種壓力與情緒高漲的情形下，有時候溝通會變成壓力。不妨在用完餐後，找個時間談談，甚至是各自休息一陣子之後才來作對話，效果也會好一點。

有位朋友是三個孩子的單親媽媽，一回到家就面臨諸多壓力，而她又不忍犧牲掉與孩子互動的時間，所以常常要按捺住脾氣，先敷衍孩子一番，但是效果不佳，她自己也不喜歡，於是她發明了一個方法：她告訴孩子，她很願意聽聽他們今天在學校發生了什麼事，但是她剛回來、有點累，所以可不可以讓她先休息五分鐘之後，再來與孩子討論？孩子們都願意體諒，所以她為自己爭取了五分鐘的時間，可以利用這五分鐘閉目養神一下，就算只是換衣服，都可以讓她不必在緊張或壓力下，做了錯誤的行為，她也可以用較為輕鬆的心情來面對孩子，處理起來也較有效率，後來她的子女「願意」給她十分鐘，這是一個成功「掛免戰牌」的例子，她也發現自己可以更專心聽孩子說話，更可以做個有耐心且關懷的好母親，後來她的孩子還慷慨地給她更長的時間可以「暫時休息」（time-out）。

我們在管教孩子或是學生時也會用到「暫時休息」的技巧，像是孩子（或學生）不聽話，就讓他／她回房裡（或在教室一角）去「想一下」，五分鐘之後恢復他／她原來的

權利。做父母親與家長的，偶而也需要暫時「休兵」或喘息一下，可以讓自己靜一靜、略為休息，這些對於體力或精力的恢復都很有效，更重要的是不讓自己「耗竭」（burn-out）。

父母親可能會發現，孩子尚年幼時，有時候提早告訴他們一些重要事件或是注意事項，孩子不一定可以理解，也許是因為身心未成熟、不能了解，也許是時機不對（尚未發生），所以也不被注意，像是「為母方知父母心」就是一例。孩子的認知發展會影響其認識世界與了解經驗的程度，有時候成人會忘記這一點。例如許多父母親會對孩子說：「你／妳以後到了我這個年紀就會知道。」或者說：「現在你／妳不聽，以後就辛苦了。」父母親喜歡做「預言家」，用孩子的現在行為「推測」以後的發展，這會讓孩子覺得自己無法改進；家長還喜歡做「歷史學家」，針對孩子目前的行為「翻出」以前的舊帳，也會讓孩子覺得「無所遁逃」，似乎沒有機會改善！這兩者都是「不識時務」，有時候結果與當初預期適得其反，但是我們又不能老是責怪父母親這樣做不對，因此許多家長都學會了「機會教育」，只要逮到適當機會，就順便教教孩子，像是看電視有性騷擾報導，就會要女兒小心保護自己、要兒子不要誤觸法網，孩子聽了之後可能的感受是：「我有那麼倒楣嗎？」（女兒）或「爸媽把我看成什麼了？我這麼低級啊？」（兒子）

如果要談的事情很重要，不妨就抽出時間，找一個可以

安靜互動的空間好好談一下，甚至到公共場所（如餐廳、咖啡廳等）談更好，因為每個人都會因為在公共場所表現得較有禮貌且專心，小孩子當然也不例外。有時候場所不對，吵雜又有許多干擾，即使彼此都揚高了聲音，「大聲」談論，效果就不如預期！偶而還會讓旁邊的人誤解。有一位父親在車上與妻子「大聲討論」不同的意見，後來下車時他五歲的兒子就說：「爸爸，你贏了！」他覺得莫名奇妙，原來夫妻爭論時兒子在場，就將「聲音大的」解釋為「贏家」！「環境」因素裡除了「物理」環境之外，還包含「心理」環境，彼此準備好要談了嗎？認為這件事很重要嗎？還是有個人因素（如覺得自己會吃虧、揣測對方不願意聽等）在中間阻撓？

談論正式或嚴肅的議題，通常在比較正式的辦公室較為恰當，或只是閒聊或要讓溝通氣氛較為和緩，找餐廳、風景區、家裡會較適當。不同的場所，我們的反應會不一樣，在較公開的場合，我們表現得比較嚴謹，在私密的場合，我們就較輕鬆、自在；家人要談嚴肅議題，可以利用客廳或是外面公共場所（孩子也比較不會嬉鬧），若要輕鬆點，就找卡拉OK店或是到戶外散個步也可以。像與學生談較為私人話題，如果是在教室或諮商室，學生通常不太自在，不妨改換個地方會讓溝通效果更佳！反之，如果是嚴肅議題，就在教室或辦公室的公共場域，學生注意聽的機會更大。

二、個人過去的傾聽經驗與習慣

　　一個聽者可能因為個人在聽的過程中受到許多因素的干擾，而不能夠好好接收訊息。倘若一個人從小就感覺到別人對他（她）所說的不重視，他（她）也許感到委屈，或不被了解，因此在聽別人說話時也可能受到過去經驗的影響，產生了一些情緒，而不能夠好好傾聽。一個較無自信的人，容易將他人「中性」的意見「解讀」為「負面的評語」，譬如一個自信心較低的人，聽到別人對她舉辦活動的觀察「我覺得大致不錯」，解讀為「『大致不錯』就是很不好的意思，只是不好意思說」。

　　有些人「習慣」以某種方式說話或聽人說話，這可能是觀摩家人、與家人互動之後，耳濡目染的結果。像是孩子「習慣」聽大人說話，不表示自己意見，這是我國傳統的「囝仔有耳無嘴」（不重視孩子），或是「尊卑」位階與遵守「倫理」使然；倘若這個孩子自小開始，父母親很願意花時間或精神來聽孩子說話，孩子也許也養成傾聽的耐性與開放。如果是在「聆聽」這個位置上時，要謹記一件重要的事：**請把舞台讓給說話的人**。也就是在當聽眾時就要當真正的聽眾，不要急著想變成下一個「說話者」。有時候我們為了要同理對方，會舉自己相似的故事佐證、企圖引起共鳴或分享，雖然這不一定是不好，但是基本上還是不免於將焦點

轉向自己，這也是傾聽的一個障礙，如果真的要分享，還是先讓對方把要說的話說完。

　　曾經有一次，系裡以外聘講師方式來上一門課，由於學校作業上的必要，要以一位博士或助理教授級以上的教師搭配（至少在名義上是如此），我就成為那位搭配的人。本來在開學前的暑假中以郵件往返都很順利，除了先說明要以怎樣的方式做搭配（有三種方式可以成立，第一是由該講師負責所有課程，我不必上課，當然鐘點費就全部歸他；第二案是各教授二分之一的課程，鐘點費平分；第三案是他上三分之二、我上三分之一，鐘點費按上課的比例計算，而且全部費用都由會計室那裡提撥）、彼此溝通教學大綱的內容等，我們決定由他先上三分之二課程、我上剩下的三分之一。由於每學期有十八堂課，因此我就請他上十二堂課之後，由我接手。但是接下來我就收到一封該講師指責我的信，說我尸位素餐、只領錢不做事，以後他再也不會來這裡兼課了（他都還沒開始上課哩），我覺得莫名奇妙，相信是有什麼環節溝通有誤了，於是趕到系辦公室去弄清楚狀況。

　　結果發現系裡職員與系主任也都收到內容相似的信件，我們三人彼此確認了溝通內容與過程，都沒有出差錯，怎麼會讓還沒來上課的講師誤解這麼深？於是由主任負責與其溝通，看到底是哪一個環節出了問題？原來該講師是在醫院系統工作，常常替頂頭上司做事卻沒有領到錢，因此他就將這

個模式「套用」在未來的兼課上，以為我就是「掛名」領錢，辛苦事都由他做，誤解是這麼來的！雖然之前已經在信件上表明清楚了，這位講師依然存有疑慮。當然我們系不會有這樣的情事發生，於是就由系主任主動去聯繫、溝通與澄清，誤會解開了，也就沒事了！在開學第一天他來上課時，我與系主任還特別等他來，去教室歡迎他。這對我來說是很好的經驗，也讓我明白一般人在某些系統或體制運作下習慣了它的操作模式，很容易就把一些觀念誤以為是「舉世皆通」的。就像是我們一般是以「點頭」表示「肯定」或「同意」，但是有些文化卻不是如此，而我們常用的「勝利」（V字型）手勢，在某個文化中是侮辱的涵義。

　　從這裡我們也可以了解：溝通不能單獨存在或成立，而必須將個人的經驗背景、甚至周遭環境與社會文化等脈絡考慮在內。

三、可能的成見與偏見

　　溝通最常出現的問題是「誤解」或是「不了解」，可能誤會其意，接下來的解讀與反應就會受到影響，因此稍微解釋或說明一下，誤會就解開了。像是我發現外甥對於爺爺說話老是太大聲很不以為然，但是因為爺爺是年紀大了、耳朵重聽之故使然，因此有一回我問他：「爺爺是自己要重聽的嗎？」他沒有說話，但是我明白他去思考過，後來就願意恢

復原來的禮貌與善意。當然，有些誤解即便解釋了，對方還是不願意聽或是企圖理解，那時就要看你／妳對於彼此關係的重視程度，然後看採取什麼行動。

妨礙訊息的正確傳播還有一個重要因素就是：個人的偏見與認知。之前所說的，像是認為某人「很囉唆」、「言不及義」，或者是「不可信任」，就可能在聽對方說話時用「有色鏡片」來篩選、過濾與詮釋，甚至「扭曲」對方的說法。許多成見是來自「刻板印象」，例如種族、性別、年紀、體型等。實際例子有：

（一）我們一行人到加州一個夜總會聽笑話、用餐，才剛一進門，台上正在說笑話的非裔美國人就道：「加州是不賣的！（California is not for sale）」他誤把我們當成日本人了，因為那一陣子日本人在加州炒地皮、讓地價飛漲，也許當地人私底下是很恨日本人吧！

（二）我們六、七個留學生在一個大賣場的停車場看到一輛少見的名車，大家異口同聲道：「哇！勞斯萊斯！」然後車內出來一位黑人，一位學教育的女同學出口叫：「黑人哪！」她言下之意是：黑人不可能「開」名車？

（三）跟兩位同樣來自台灣的留學生去購物，其中一位學電機的跟我先走出來，在一邊等另一位，這位電機才子突然說：「喂，妳看九點鐘方向，那個cashier（結帳員）不是處女！」

我很訝異：「你怎麼知道？」

「她有斷眉看到沒有？我媽說斷眉的不是處女。」

「老兄，」我說：「你看超市裡那麼多媽媽，她們沒有斷眉呀！」

「你們學心理學的人很奇怪，我跟妳講這個，妳就講那個。」他抱怨道。我本來還想問他：「你媽媽有沒有斷眉呀？」總不至於是「（聖母）瑪莉亞（處女）生子」吧？有時候即使證據擺在眼前，我們還是有可能不去相信。

（四）在美國，常常有人問我（中國大陸）「一胎化」（one child policy）的問題，我就回道：「我來自台灣——自由中國。」因為他們分不清台灣與中國人。

（五）有一回我在捷運上要讓位給一位老太太（至少她的頭髮已經花白），她卻堅持：「年輕人，我還可以站！」我們把「女性」與「老人」聯想在一起就等於「孱弱」、「需要幫助」。這個經驗讓我在下一次會先詢問對方：「你坐這個位子好嗎？」而不是一意孤行，「認定」對方一定要接受，這也是基本的尊重，何況現在有許多老人家身體健康、「不服老」啊！

（六）一對朋友夫婦很想知道住家附近有誰是「童叟無欺」的，於是就派放暑假的兒子輪流到附近各家自助餐廳買餐，結果最後只有三家比較「尊重」小孩子，因為老闆會「按照」來的先後次序結帳，不像其他店主只看到「成

人」，不管一個遵守秩序在排隊的「小孩」，就讓成人先行結帳了。

（七）我們常常不相信小孩子所說的，因為人小言輕，或是幻想太豐富，但是有時候又太相信。有個小朋友回到家告訴媽媽：「今天老師不准我吃飯。」媽媽氣沖沖跑去學校理論，結果是老師知道小朋友吃海鮮會過敏，就叫他不要吃今天的蝦，孩子回家只是就「重點」摘錄，差點引起大誤會！

（八）胖子很會流汗，一般體型的人很難體會。有一次我去市場購物已經汗水淋漓，正停在一個攤位前擦汗，老闆很熱心問：「剛洗完澡啊？」我也只好苦笑。

（九）我們胖子偶而也會責怪瘦子：「吃下去的東西都沒有發生作用，浪費食糧。」

（十）心輔系學生最容易被誤解，好像只要進入「心輔系」就成為「解決心理問題」達人一樣，許多大學與研究所同學都會被其他系所同學「誤解」，主動向他們傾吐心事，如果系裡同學答不出來，就會被譏諷說：「你（妳）不是學心理學的嗎？怎麼不會？」而系裡也曾有一位同學對於心輔系所學不感興趣，但是家長堅持要孩子在這個系待下去，我們曾經數度建議家長考量孩子學習的興趣，不必要硬逼他待在這個系，可是家長堅持不肯，後來學生就變成消極因應，不上課、完全沉浸在網路世界裡，逼得老師們最後也束手無

策，勸學生暫時休學，他也不理會，最後只好讓他退學，結果家長非常氣憤，在知悉孩子被退學之後，寫給每一位系裡老師說：「你們心輔系老師不是應該有慈悲心腸？怎麼連這樣一位學生都不肯救？」我們已經努力了三年了，想盡辦法不讓學生被當掉，只是家長不願意聽聽孩子的想法，固執己見，當最壞的結果出現了，就責怪老師們。

若兩個人關係不合，甲可能說：「我哪有乙的聰明才智啊！」這一句話諷刺、挖苦的意味會比較濃厚，乙當然聽了也不舒服，反駁道：「哎呀，說到聰明才智，我怎麼努力都比不過甲啊！」一來一往，醋味與煙硝味嗆得人不能呼吸了！彼此的關係不佳，自然也影響到對彼此的行為解讀，這也是成見會產生的一種情況。

我們一般說：「我跟她說話簡直是『雞同鴨講』。」「雞同鴨講」就可能是彼此觀念或意見不一樣，因此沒有「共通的管道」可以溝通或達成共識。「雞同鴨講」也可以指兩個人對於事情或是彼此已經有「既定」的看法，因此即便是再多的溝通，也無濟於事！朋友之間有時候也會因為無意的一句話而造成失言之誤，甚至讓友誼不再。小臣原本視阿義為好友，而且當作家人對待，只要有東西就會買兩份，送一份給對方，阿義家裡需要幫忙也義無反顧，他認為朋友之間就應該「互相」（禮尚往來、互相幫助），可是後來有幾次發現請阿義幫忙都沒有下文，對方不是說自己很忙，就

是手邊有事不方便，小臣也不以為意，以為果真是如此，後來有一次無意中聽到彼此共同的朋友老張提到阿義對他抱怨說：「（小臣）叫我去幫他叔叔，我才不要哩！」小臣聽到這一句話很難過，因為自己從沒有這麼區分過，只要阿義拜託，他都會儘量幫忙，不管是阿義的家人或朋友，他只要朋友開口，他都會儘量抽空協助，但是阿義的這一句話讓他重新去思索：「這是一位值得我掏心掏肺的好友嗎？我只不過是請他幫忙漆（叔叔家）屋頂，而且每一次我都算工錢給他，也沒有給少，知道他日子過得辛苦，又一個人養兩個孩子！」兩個人「認知」的不同，加上沒有「直接溝通」，也釀成後來情誼的變質。

之所以會有一些偏見或成見，可能與我們自己的「知覺」有關，也就是接收訊息時的許多因素干擾。知覺本身有幾項特點：

（一）知覺是經驗的——因此過往的經驗會影響我們知覺的正確性，像是曾經被騙的人在面對陌生人時可能會有較高的警覺性（擔心再被騙）。

（二）知覺是有選擇性的——我們的感官不可能同時接收所有的訊息或是無誤的訊息，因此我們會做選擇（有些選擇是不自覺的），而「選擇性傾聽」也可能是一種成見或偏誤的因素。例如，建華告訴女友莉莉說：「今天因為公司臨時派我南下，晚餐的約會就延到明天好不好？」也許一般的

反應會說：「沒關係，是臨時發生的嘛，明天我們電話聯絡就好。」但是莉莉在聽時「選擇性地」聽到「約會延後」，而不願意聚焦在「臨時被派南下」的理由上，她可能反應就會不一樣：「是啊，反正吃飯不重要，事業比較重要，不是嗎？」這樣繼續「溝通」下去可能就會引發爭吵。

（三）知覺是帶有評價意味的──知覺要做出反應，因此除了接收資訊之外，還會有判斷的功能，例如我們喜歡／討厭的味道／人，也會影響我們繼續接近的機會。

（四）知覺是有脈絡的考量──在什麼場域與環境背景所發生的，也會影響我們的知覺，譬如在陌生的舞會／研討會中（背景，background），我們通常比較容易去找熟悉的面孔（形象，figure），而我們通常也會很快找尋到熟悉的人以減少自己的不安；一位朋友獨自出現，或是與另一位朋友一起出現，我們的知覺就會影響我們的解讀：「喔，他自己出來逛街，真閒！」或「哇，他們兩個人一定是出來辦事的。」。

（五）知覺是推論性的──我們的知覺可以協助我們去推論一些事情，但是有時候所蒐集的資訊不足，而我們太快下結論，也就造成「推論錯誤」。像前面的例子，「出門」不一定是「逛街」，也可能是「辦事」或其他。

有些人容易以一個線索來做決定，這樣很容易因為資訊不足而造成錯誤的結果，同樣地，有些人的偏見是他／她認

為自己有「讀心術」，像是：「他不用說，我就知道他在想什麼！」「我太了解這種人了！只是想要貪便宜，其他都不想！」也許這些是從自己過去與人接觸的經驗而得到的「結論」，但是不能夠一竿子打死一船人啊！人性多變，不是這樣簡單的公式就可以理解的！

　　也許你會說朋友之間本來就不需要意見相同，這樣子才可以交會出更多火花，只是我們也說「一丘之貉」或是「同類相聚」，好友之間縱然有些意見的不同，可是也有更大的「公約數」，最重要的是主要的一些價值觀不會互相扞格！那麼也許有人會問：「宗教信仰不同呢？」其實也要看個人，許多的宗教其實是「萬流歸宗」，教義都是勸人為善，因此有不同信仰的朋友也可以拓展自己的視野，不一定因為信仰不同就類化為「價值觀不同」。我也有信仰宗教不同的朋友，但是彼此之間沒有「傳教」壓力，也不會因為信仰而爭辯，反而是討論時可以從不同角度切入，增加了討論與內容的豐富性。

　　曾經有一次學生要我簽名申請補助，當時我詢問她「需要錢嗎？」因為我擔心補助時間是否夠長？她需不需要額外的協助？但是學生後來寫信給我，說自己遭受難堪之境，因為我在「其他人」面前，「逼迫」她說出自己家裡經濟的窘況，她覺得很難過，我當時沒有這樣的念頭，只因為自己不清楚她家的情況，而且要簽任何文件之前總會問清楚。這個

誤解的溝通裡有一些可以考量的思考，包括：雙方對於「問題」的焦點不同（她認為自己家庭情況曝光，而我只是想知道她有無其他需要協助之處），另外是對於「貧窮」的觀點，她認為「貧窮」是可恥的，可是我不認為「貧窮是罪惡」。

四、個人的敏銳度

有些人對於言語、動作或是情緒的感受力較強，常常容易因此情緒受到影響，也就是說他們的「感覺閾」較低，一般人可能視為「正常」、「沒什麼大不了的」一個小小刺激，對較為敏銳的人來說，就可能引發極大的情緒波動。我們不能說這種人「歇斯底里」，也許他（她）有過我們沒有的經歷，因此才會反應激烈！我們說「一朝被蛇咬，十年怕草繩」就是這個意思，過於敏銳的背後，可能有一些觀點與想法未經檢視。

一般人會「讀」別人的表情，這項天賦是與生俱來的，君不見嬰幼兒都能夠「解讀」其他人的表情了嗎？看見人皺眉會不開心，看見人笑也跟著手舞足蹈；隨著年齡與經驗的增加，我們會站在別人角度來思考，這就是「同理心」的開始，孟子甚至提到「見孺子將入井」的憐憫之心「人皆有之」，還不會說話的小孩子看到別人跌倒會哭就是一個極佳的例子。當然每個人的敏銳度不同，也可能影響到其解讀人際

線索，也影響到人際關係；過於遲鈍的人與過於敏感的人就是兩個極端。過於遲鈍的人，因為不太能了解他人在某些情況下的感受，別人就不願意與他們交心，但是過於敏感的人，可能情緒波動會較大，若加上自己不善於管理，可能就採用極端、不適當的方式（如自傷、自殺、或傷害他人）來因應。

譬如說，以前我在一所私校任教，某天早上因為隱形眼鏡消毒有問題，自己卻不知道就戴上，結果在第一節課上課中就發現眼前迷霧一片，當時還以為是因為學校在山上，所以霧特別濃之故，然而後來眼睛劇痛才知道不妙，趕緊在那堂下課後，要下山去看眼科，於是告訴教務主任。在我要衝出學校之前，教務主任在我背後追問：「邱老師，下午的課怎麼辦？」我當時聽了心上一涼，沒有多說話，因為眼睛已經痛得睜不開，甚至擔心自己有眼盲的危險！對我來說，這位主任的反應可能就是「遲鈍」的一種，因為課若無法上，可以安排補課或是請人代上，但是同事的眼睛問題是不是應該優先體諒一下？

另外一個例子是「過於敏感」。有時候要請人協助，對方如果手上正在忙或是不方便，會說聲「等一下」，但是聽者若是較為敏感，她（他）的反應可能就是不等了「我自己來就好」，更激烈一點的就會拂袖離去，而且非常氣憤：「什麼了不起，幫一個小忙而已！」人際的敏感度是可以培

養的，若是遲鈍的，可以藉由觀察或練習，慢慢增進，如果是過於敏感的，可能之前有過創傷經驗，但是也可以學著不要過度反應。

　　太自戀或自我中心的人比較不容易「聽見」別人所說的，他（她）也許會「選擇」自己想聽的聽，或是沒有認眞聽，因爲在等對方說完「換」他（她）說，或者是在聽的過程中就已經在構思自己「待會兒」要說些什麼、如何將焦點轉向自己？甚至是在聽的過程，心裡在「批判」對方的說法或論點。因此我們在「傾聽」的訓練裡就是首先要「把自己（或自己的需求）擱置在一旁」，將「舞台」讓給說者。

五、性別差異

　　John Gray曾經寫了一本有關性別差異的書（「男女大不同」或「男人來自金星、女人來自火星」），似乎是將溝通的模式，甚至障礙放在「性別」這個唯一差異上，這樣的結論實在很難說服讀者，與其說是「性別」因素，不如說是「社會文化」因素較爲恰當，這當然也包含訓練與成長過程。

　　男性常常會覺得女性「過於敏感」或是「只注重細節」，但是女性也常常抱怨男性「不夠敏感」或是「根本沒抓到重點」。女性是以「人際取向」爲重的，也重視「表達」的功能；反之，男性較「工具導向」，以成就或達到目標爲主要。大部分的女性遭遇到問題，也許就是找人談談、發洩一

下就好了，解決問題的部分她會去設法，然而也不是所有的女性都是如此；而大多數的男性遭遇到問題，需要獨自一人去思索，不希望有人打擾，這就是John Gray所稱的「躲入洞穴」，然而也並不是每一個男性都如此。

當女性遭遇問題、找男性商議時，男性通常會就「問題解決」提供意見，而不會去好好傾聽女性對於問題發生過程與看法的敘述，而男性碰到問題時，通常也不會找女性來一起商量，而當男性找男性友人談論問題時，又會有不同的結果：如果是一般的問題，有人也許就提一些問題解決的建議；但是如果是有關感情方面的問題，可能有人也不知如何解決，於是就會做類似這樣的提議：「哎呀，天下何處無芳草，何必苦苦班上找？出去喝一杯就沒事了！」所以，根據這樣的規則，男性與女性都需要有一位異性朋友做知己，至少可以有不同角度的思考與參照。為什麼會有性別差異呢？主要是社會對於性別不同的期待與訓練，男性不易與人談論感受的問題，因為認為這是怯弱的表現，女性不喜歡與男性談論問題，因為反應不如期待。

從事諮商工作這麼多年來，我的當事人以女性居多，而男性當事人來談幾乎是走到絕境之前的最後一招，而且不太喜歡「談」感情問題，喜歡專注於「如何解決問題」，這也是很好的經驗，當然也會有例外，不可一概視之。一般女性可以坐下來談，沒有多大問題，但是若要與男性談話，也許

需要在做活動之中（如打球、走路）進行較為順利，父母親也可以參考這個性別特性，與孩子做更好的互動。

此外，女性與男性談論的話題不一樣，主要是因為女性談話是以「聯繫關係」為主要，男性則是達到「工具性」結果。女人會聊化妝、穿著、男人、孩子、家庭與關係等議題，男性聊運動、工作、車子、電腦、政治（人物）、女人等主題，也就是關注的興趣不同，因此偶而兩性一起聊天談話，會因為話題不同而有挫敗感。我記得在國外時常常跟台灣男同學一起聊國內政治情勢以及在當地生活的經驗，偶而男士們會突然「驚覺」我的性別，因為基本上他們是「不跟」女人聊這些議題的。其實，我自己身為女性，但是有些女性常聊的主題我也是興趣缺缺，像是化妝、逛街、男友等。因此儘管性別有一些差異，然而還是要看個人的喜好。有研究顯示男性習慣以間接方式表現自己的弱點，或是在表現親密關係時也是如此，但是男性傳統上還是「行動」取向，喜歡用「行動」表達。

六、社經背景與職業

工作性質不同、社經地位或是教育程度不一樣，也會影響一個人說話的方式與遣字用詞。男性或是職位較高者，可能比較常使用命令或是指示的口氣與詞彙，女性或是職位較低者不免使用的語氣會較緩和、謙卑或不確定的字眼。我記

得有位從事教職的朋友，與一位同樣是教書的男性結褵，沒多久就聽他們雙方抱怨：「幹嘛回到家還當老師啊？簡直受不了，好像當我是他／她的學生！」原來彼此習慣了在學校的角色，很自然地也發揮在家事與家庭生活上。

　　不同教育背景，有時候必須要考慮到用字遣詞，因為可能會不清楚會造成誤解。像是我之前舉外甥的「四個兒子」例就是，當然也有人喜歡咬文嚼字、用詞艱澀，大玩自己的語文造詣，可能就要看他／她溝通目的是要展現自我還是其他了。要正確傳達也要使用正確的用詞，要不然也無法達到目標。

　　倘若要做良好溝通，偶而是必須要調整自己說話的方式與態度，甚至用詞，像是面對青少年族群，成年人常常被當作是「LKK」，盡說些老生常談或老掉牙的事，了解他們青少年次文化的一些慣常用語，在適當時間與場合使用，也有助於溝通效果，但同時也要注意不要「刻意」使用，避免可能讓青少年覺得「假」。溝通所使用的語言，當然也蘊含著「權力」，不同性別與位階也都或多或少展現了權力的高下，在與青少年族群對話時，也要注意他們對於這個「權力位階」的敏感度，因此採用較為平權、平等的方式對話，更能讓溝通順暢！

七、批判或等著接話

　　要真正傾聽就必須要把「成見」或「偏見」擺一邊，同時還要將「批判」放在一邊，因為如果帶著批判或評價的立場（或心思）去聽，一定會愈聽愈不滿意。「批判」常常是以「你（妳）」開始，像是：「你（妳）就是想太多，所以才會讓事情變成這樣！」「你（妳）呀，如果聰明一點就好了！」「你（妳）就是學不會，吃了這麼多次虧了！」我們文化裡「責成」的成分太濃厚，所以總是批判的多、讚賞的少，像是家長會說：「為什麼只考九十八分？其他兩分是怎麼沒的？」「誰叫你去做？又做不好！」這樣的「責成」或「要求完美」，會讓孩子認為自己「永遠不夠好」！

　　一般人是不喜歡被批判的，所以當對方以「你／妳」開頭說話時，就會有防衛的心，也因此不一定可以聽進去。此外，我們在聽人說話的同時，不是聚焦在對方身上，而是將重點放在自己何時接話或回應上，也因此會在應該傾聽時沒有做好，心裡只是在想著「等一下我要說什麼」，甚至是被對方的一句話或一個詞所吸引，一直提醒自己等會兒要記得回應。我常在新手諮商師身上發現這個問題，在聽當事人陳述的同時，腦中卻像陀螺一般轉，深怕自己過一下子忘了說什麼或問什麼，結果就沒有認真專注在聽，也就是要追溯到原先「傾聽」的功課。

　　有些人其實並不是眞正要聽，而只是爲了要「講」，因而在聽對方說話的時候，心中已經在盤算或醞釀接著要怎麼說了，所以就不會專心去聽對方表達。這樣的情況，對方很容易就察覺到，也知道你／妳沒有聽，不會有意願再繼續說話。此外，「批判」的目的是要溝通、期待對方更好，還是只是看不慣？建設性的批判也可以有更好的表達，稍後章節會談到。

八、不反應或不知如何反應

　　有些人在聽到對方說話的同時，會急著想要如何反應（如「我等一下要怎麼跟她說」），所以沒有聽見（如前述），還有一種是「不反應」或「不知如何反應」，讓對方解讀爲「拒絕」或是「有敵意」，其實也是溝通的障礙。「不反應」可能是個人習性或個性使然，而「不知如何反應」可能就是當下無法做有效的回應，因此遲疑之中就沒有作出反應。

　　有時候也是因爲彼此之間過去互動的經驗使然，讓一方在說時，一方來不及反應或因爲不知如何反應就乾脆「不反應」。舉例來說：「我有一次正在看電視，我太太就走過來問我『剛剛演什麼？』我還來不及反應，遲疑了一下，結果她就很生氣地說『你就這麼瞧不起我？』，我們就冷戰了一個多禮拜！我覺得很冤枉，後來也道了歉，但是心裡還是很

不舒服。」這個案例的問題不只是丈夫的「不知反應」，中間還摻雜著彼此之間的「關係」與互動歷史，也就是這對配偶之間以前也經常有這樣的情況發生，但是都沒有做有效的解決，後來才演變成更嚴重的情況。其實，最好的處理方式應該是當場就做一些處理，例如丈夫說：「對不起，妳可不可以再說一次？我沒有聽清楚。」經過一段時間不溝通或不說明，彼此內心都會「醞釀」一些「莫須有」的想法，讓關係更惡劣。

　　有些人反應較慢（如上例），有些人則是「習慣」不反應，除非對方知其甚深（「他這個人啊，本來就是這樣，問十句答不到一句」），要不然在很多情況下，別人都會放棄與他／她再做溝通。當然有的「不反應」真的就是「不想回應」（拒絕的一種）。溝通裡的「沉默」常常有許多的意義，但是一般人會期待對方能有反應，而不反應或是沉默常常會讓人有許多「扭曲思考」的空間，對於彼此的關係是較不利的。

九、情緒的阻礙

　　情緒有許多功用，不僅是溝通的資源（社會功能，同理他人情緒可以讓人際關係更佳），也是行動的先驅（有了情緒動機才會有接下來的行動），還是自我認同很重要的面向（可以掌控情緒的人比較「自律」）。情緒是溝通上相當重要的工具，但是它是兩面刃，可以協助、也可能妨礙溝通。正

面的情緒（如歡喜、開心）會讓溝通有潤滑作用，但是負面的情緒（如氣憤、沮喪）會讓人怯步、妨礙溝通。我並不是說負面情緒不能溝通，而情緒的正負面都是我們的情緒，只是有許多時候情緒會妨礙溝通。通常我們會因為不同的事件與人溝通，有些事件並不令人愉悅，因此在要進行溝通之時，一定已經有許多情緒在醞釀，所以可能一出口就會很激烈、很衝動，甚至傷人，而對方可能就無法好好與我們做互動。許多夫妻吵架時，不在吵架現場繼續爭辯，而是彼此退出現場，或是一方抽離現場，讓彼此有冷靜的機會，然後再繼續溝通，效果可能會好一點。

到底我們在溝通時接收到「訊息」還是「情緒」？目的應該是「訊息」，但是卻常常變成接收到「情緒」，反而無法傳達真正要說的訊息。因為我們的溝通中很少是以語言為之，而是說話時的語氣、手勢、態度等等，如下例：

「沒關係，我可以。」這一句話以不同方式說出來，所表達的意義就會不同。如果是很平和地說，可能就是指「字面意義」（英文說「take it literally」，「說出來的就是要表達的」）；但是如果語氣與腔調略為改變（生氣、沮喪或其他情緒，聲音大小），在聽的人耳裡所聽到的意義就完全不同。試著去想一個情境：

妻子盼望週末可以全家一起出遊，但是丈夫臨時要陪客戶打球，於是徵詢太座的意見，妻子說：「沒關係，你去

呀！你應該去嘛！工作上的事比家裡的事重要，我一個人在家帶孩子沒關係。」如果在說這一句話時語氣平順，可能表示了一些不滿，但並不強烈；然而如果把語氣改了，加上一些哀怨與生氣的味道，聽的人可能就要小心了！從這個案例可以知道：**溝通不是語言方面的問題而已，還牽涉到「非語言訊息」（像是語調、表情、手勢、姿勢、動作等）。**上例加上不滿的語氣之後，丈夫「接收」到的可能就是裡面所表達的「情緒」，而不是語句傳達的涵義了。就如同媽媽對女兒說：「這麼冷的天還不知道加衣服，要看病浪費錢嗎？」母親真正的意思是「天冷了，去加件衣服，不然容易感冒。」但是這位母親卻是用了最直接（也最傷人）的方式說出來，孩子接收到的可能是「生氣」或母親的「小氣」（連看醫生的錢也不肯花），而不是母親語言背後的擔心與關切。

　　說話不直接，或是不願意直接表明，這也許與我們中國人所謂的「含蓄」、「注重面子」有關，凡事不太喜歡直接表達，好像認為「直接」就是莽撞、不禮貌、不給對方留面子的感覺，但是也容易產生誤解（我在下一節會談到「文化脈絡」的意義）；然而我們在面對與自己關係親近的人時，卻又是非常「節儉」（省字）與「直接」，到底是為什麼？

　　我們家的人比較不習慣以說話方式來溝通，更遑論「談心」了，所以有時候連講個電話也會聽到對方說：「有什麼事？」「重點在哪裡？」在聽的人耳裡就會變成「不耐

煩」，讓聽者覺得自己說話、甚至這通電話好像是多餘！在美國唸書的時候，最想在每週末可以跟家人通上電話，但是父親接到電話之後的第一句話一定是：「有什麼事？」如果講電話超過幾分鐘，爸爸就會說：「不要講那麼多，浪費錢！」後來有一回我忍不住就跟父親說：「有些東西比金錢更重要好不好？」父親就閉了口，也從此沒有再提起，我相信爸爸充分了解我說的涵義。

溝通時最怕情緒模糊了焦點。有一回小弟在風災過後要求屋後的鄰居將檳榔樹鋸短一些，因為之前老屋的屋頂被損壞了，但是對方認為我們是要要求「補償」，甚至在最後斡旋後將樹鋸短了，對方的老二還說：「現在你爽了吧？」小弟不想與其計較，也不作反應，但如果我在現場，我會說：「謝謝你們幫忙，我們現在安心多了！」因為最好的溝通不是在情緒的「交換」，而在真正聚焦、就真正的議題做討論。由此可知，「溝通」過程中常常因為溝通方式或是態度的緣故，而造成真正要傳達的內容沒有到位，反而讓對方只接收到「情緒」（而且是負面的不好情緒）。

我們在爭論或是吵架的時候都想要爭「最後第一」，這是與一般的情況大大不同的（因為我們喜歡爭「第一」）。舉例來說，吵架最後做結語的人表示「結論」、「就這樣」的意思，因此雙方都急著要下「最後的注腳」，這不是爭「最後第一」是什麼？「情緒」與自己身體的狀況會影響我們

「解讀」對方的動機或語意，因此發現自己是在不佳的情緒中，最好改個時間做重要的溝通，或是當面與對方說：「我今天的情況不好，可不可以等一下再找你／妳談。」或許就可以讓真正的溝通較少受到阻礙。

十、「文化脈絡」與溝通

在文化學上有所謂的「高脈絡」與「低脈絡」文化，主要是指社會習慣的不同也會影響溝通，「高脈絡」文化像是台灣以及日本，溝通內容並不是最重要，而是對話者彼此的關係，而「低脈絡」文化的社會則是以溝通的內容為主要。如本書在稍後篇幅所提的留日學生的故事，日本與我們一樣是屬於「高脈絡」文化，也就是溝通還得視其他條件做裁量，而不是以「白紙黑字」的字面意義為準；歐美是較屬於「低脈絡」文化，也就是可以脫離對話人之間的關係與所處情境，而單單以對話「內容」為主。舉個例來說，以前我在美國唸書時，也曾經發生類似事件，一對台灣夫婦邀我去他們家吃飯，我馬上應允，沒想到那位太太好心勸我道：「妳是不是答應太快了？」人家邀妳吃飯至少要邀三次才算正式。第一次邀妳，妳就客氣回答說「謝謝」，如果第二次又邀妳，表示可能性大增，妳可以回說「當然，我們約個時間」，第三次再約，表示十之八九是真的，妳才可以說「好啊，什麼時候？」這樣的解釋很符合中國人的「含蓄」，可以讓邀請

的對方表達禮數與善意，也同時兼顧了被邀請者的矜持與尊嚴。我才恍然：原來，我是多麼「不中國」啊！

朋友之間我常常受邀吃飯，而且毫不考慮就答應，我還以為是自己人氣旺，雖然不是「秀色可餐」，但是至少跟我吃飯很愉快，可以「配飯」吃；只是到目前為止，我的朋友之中還沒有跟我「ㄍㄧㄣ」三次才成飯局的！同樣是中國人，但是到國外習慣還是一樣，這就是我們置身的文化脈絡所習染之故。無獨有偶，有一回我聽到留日的同仁提起一件往事，第一年她沒有回台灣過春節，結果班上有位日本女同學就極具善意地說：「要不要來我家？」這位同仁就非常高興說：「好啊！」但是卻發現日本同學的臉色一變、支支吾吾地說：「我回去問我媽。」朋友才領悟到：哦，原來只是「客套」，不是真正要邀請她去家裡作客啊！因此也可以發現，「溝通」與文化是息息相關的，在華人社會，我們可能就會特別注意「關係」，在與人溝通時也不例外。

我也曾經因為打招呼的事好奇問過我的美國同學，因為同學不管認識或不認識，走在路上都會寒暄一下，不外乎：What's up、How are you today、Anything new等等，但是我在國內學的英文翻譯卻是：「發生了什麼事？」「你好嗎？」與「有什麼新鮮事發生？」可是同學通常說完話就走人，也沒有等到我的回答，我就非常納悶！於是有一次我擋住一位說完、即將走人的同學道：「等等，我還沒有回答你

的問題哩！」對方笑得很開心：「這就像『哈囉』一樣，就是『嗨』的意思。」我才了解！要不然像我這麼「認真」的人，一定會很仔細地「回答」這個問題呢！這也是一種「文化交會」之美呀！

我們東方人是所謂的「集體主義」文化，重視人與人之間的和諧，因此不擅於直接表達我們自己的意見，總是有所保留，然而西方是「個人主義」文化，個人的意見很受到重視，也鼓勵直接發表感受或想法。在教育場域就很容易發現這樣的情況，我們的學生總是羞於啟齒、不太敢表示自己的看法，所以上課時總是很被動、沉默，這樣的訓練結果，造成許多學生去美國進修時，美國人的刻板印象就是：東方人不太有自己的意見，因為都不開口！其實這也會影響其學習，因為美國的教育方式是鼓勵發表個人意見的，上課學習也是如此。

此外，國人在與人對話時喜歡以「我覺得」來開頭，其實接下來所表達的可能不是「感受」，而是「意見」，像是：「我覺得這一次的輻射，不會影響到台灣。」也許這與國人不直接表現自己的看法的習慣使然，也許若是要真正表示意見，用更正確的「我認為」可能會比較恰當。

十一、語言表達能力

溝通當然受到語言表達能力的影響很大。有些人運用文

字的能力很好，可以更確切地表達出自己想說的，也有些人礙於口拙、常常說錯話、或是使用文字不恰當，當然也會影響後來的溝通動作。其實，語言表達能力的背後應該是「說出」自己想法的壓力，中國人比較是被動式聽、不太願意表達自己的想法，可能也是因為礙於權力位階、結果的考量，認為不說出自己的想法比較「安全」。

語言表達能力可以經由觀察與刻意學習而來，因此是一項可以培養的能力。看看別人怎麼將一件事情說清楚？又是怎樣的遣詞用字？也可以多多閱讀，增加字彙與用詞，都可以讓自己的能力更增進。現代社會與以往不同，鼓勵自我表現，尤其像是「星光大道」之類的選秀節目大行其道，小學生也是以這樣的偶像為目標，因此「自我表現」其實也成為能力之一，語言表達也不例外。增強語言表達能力，主要的捷徑還是閱讀，此外，膽量的訓練也很重要。

十二、溝通的完整性

有些人因為彼此熟悉，所以溝通起來較無障礙，但是每個人都有較為特殊的溝通習慣，像是語氣詞「對呀」、「是喔」，或是表達不夠完整，像是「你知道喔」，若是因為熟悉，可能會容易理解「你知道喔」後面所要表達的意思，但是對於初次見面或是不太熟的人，這些可能就是考驗，因此儘量將所要表達的完整表達出來，不要「以為」對方可以理

解或是拼湊出你所要說的「全貌」。

當然溝通完整還是得靠其他溝通管道的協助，不光只是口語上的表達而已，有些人藉由肢體語言、書寫或是繪畫等等，也可以將語意表達得更為完善。溝通最忌諱在表達「完全」之前就收手或離開，留給人太多遐想或是誤會的空間，因此若是一次溝通未完整，儘量找機會或相輔管道將溝通做完全。

十三、自信與溝通

愈有自信的人愈願意溝通，在溝通過程中也較容易發揮影響力，當然自信的人，本身的公信力也很重要。有自信的人有較高的意願願意與人溝通，也因為願意溝通，所以常有（會找）機會溝通，其溝通能力與敏銳度也會因此而提升！反之，較無自信者，不太願意與人溝通意見、表達想法，也減少了許多練習與修正的機會，等於是一種惡性循環。溝通的自信當然可以從練習中來，不要擔心犯錯而錯失練習與學習的機會，若是擔心自己所說的不夠清楚，或是詞不達意，可以自行先練習，練習過了就試試看，只要每一次都慢慢進步就好，不要奢求一次就完美，自然就不會有過大壓力！

我們通常在訓練溝通技巧時會從與對方的眼神接觸開始訓練，可以直視對方眼睛而不必感到害怕或害羞，然後是語調的練習，包括如何措辭、敘述、結束，偶而也會請此人對

著鏡子自行練習，這些都會因為熟悉而增加信心，也讓臨場表現更好。

十四、溝通的態度

因為溝通不只是口語所表達的內容而已，還包括許多非語言的訊息，因此展現在行為上最顯而易見的就是「態度」，態度不佳或傲慢，很容易折損溝通的善意與目的，我們說「伸手不打笑臉人」就是這個意思。有些人在企圖溝通時，會先認定自己是對的，或是這樣說一定可行，所以就會忽略而沒有呈現出最好的態度。像我上傳統市場時，常常都是找一些很熟悉的攤販「交關」，因為這些熟悉的攤販基本上是經過篩選的，而「態度」就是關鍵，物品價格倒還是其次！偶而我也會找一些新的店家買東西，倘若對方一付「妳買不起」或是認定「妳不會買」的態度，我很快就會將此店家刪除（成為「拒絕往來戶」），以後也不容易與他／她建立消費關係。同樣用在溝通現場時也一樣，不管想要溝通的議題難易程度，最起碼想要溝通的動作要先做出來，要不然常常是在真正溝通進行之前，溝通就已經阻斷！父母親在管教孩子或是員工要堅持自己的意見或立場時，「堅定而和善」的態度最容易贏得勝算。態度會決定溝通可不可能進行或持續，請看下面的案例：

【案例一】

「妳到底要不要跟我溝通？」丈夫的臉色很不情願，語氣也缺乏耐性。

「你根本不想跟我溝通嘛！」太太回應。

【案例二】

「我知道剛剛太急了，沒有考慮妳的立場，我們可不可以找時間坐下來好好談？」丈夫說，語氣和善，也表現出誠懇態度。

「我知道。我們今天吃過飯後來談談。」太太回應。

十五、自我覺察程度

在與人溝通時，我們會注意到對方的反應，也要覺察到自己的表現。有些人在溝通時只注意到對方，卻沒有去思考自己的情況，所以常常會犯同樣的錯誤而不自知，這樣惡性循環下去，別人也不太願意與其溝通了！

有位男士常常喜歡說別人的缺點與不足之處，他雖然不在被他批評的人眼前說三道四，然而這些批判的話還是會傳

到被批評的人耳中，但是這位男士不睬，他的說法是：「我有表達自己意見的權利。」許多人因此不願意與他交心、談話，他還怪罪說自己怎麼「人緣那麼差」？言下之意，似乎是別人的錯！自我覺察程度低的人，往往不會意識到自己需要改進之處，當然也不會有改進動作，除非吃了大虧，或是有好心人願意提供忠告，要不然只好自食惡果！「人際的敏銳度」通常與自我覺察程度有關。有位女性常常在與人互動時，眼神飄移不定，雖然嘴裡說得很有道理，但是聽的人總是覺得不真確、也不踏實，因此其溝通效果就大打折扣了！

我們在溝通中也會更清楚自己是誰？與人互動中有哪些特色？了解自己在他人心目中是怎樣的模樣？因此，在溝通中的自我覺察功夫也展現了個人的人際認知與智慧，不可不慎歟！

第三章　傾聽的步驟

　　傾聽的第一步當然是「好好地」把話聽完（整），接下來才可以討論到其他。但是光是「好好聽完」就不容易，需要做許多的練習，同時要按捺住情緒，不要急著插嘴或做說明與釐清，等到對方告一段落之後，才做適當的解說，這就是「把舞台讓給對方」的意思。

　　當你（妳）確定對方已經說一個段落了，就可以接著說，或是針對方才所聽的做一些摘要或詢問，要不然先問一下：「你（妳）說完了？」也無妨。接下來有一些步驟可以協助我們展現「傾聽」的能力。

協助傾聽能力的步驟

一、認可（或同理）對方的感受

　　在傾聽之後，如果只是急著把自己想說的說出來，甚至直接提出你的想法或提供建議，對方可不一定會接受。問題出在哪裡呢？就是出在「你沒有認可對方的感受」。有研究者發現，男性在聽人說話時，會想要提供具體解決問題的建議，這就是所謂的「工具性」導向，而女性在與人分享經驗時，通常重在「對方只要聽她說」就可以，不一定需要知道解決之方！然而不管是什麼性別，都需要對方在做任何反應之前，先聽聽她（他）的故事，而且要進一步「接受」與

「認可」說者的感受與立場。

在臨床上我們常常說「情感是打開治療之門」，只要當事人已經開始可以在治療師面前自在表達與發洩情緒了，治療於焉開始。以前我們同事之間還會開玩笑說：「今天你又把誰弄哭了？」其實事實不是這樣，因為當事人面對陌生的治療師，又要談很私人的事，其實在情緒上較為封閉、保守，但是只要治療師取得了當事人的信任，當事人就會開始談論自己的經歷與故事，而當他們開始說這些故事時，所伴隨的情緒就比較容易表現出來。我曾經聽一位男性花近兩個小時談自己自小交友的不順遂與被排擠，但是當他在敘述時幾乎面無表情，似乎事不關己，後來我就只說了：「好痛！」二字，他的淚水就洩洪、奔流。其實情緒發洩之後，對當事人也有好處，因為哭過比較清楚，壓力也大為減輕。「同理」與「同情」不同，後者是「感同身受」，前者還要加上「表達出來讓對方知道」這個工夫。

「認可」對方的感受的第一步就是：將對方所說的用自己的話簡單「摘錄」，同時也將其所表達的情緒（或感受）給說出來，這個過程就是「同理心」。「同理心」的表現還可以更深一層，就是將對方「可能」有的感受說出來。以下是一個例子：

孩子：「我才不在乎！他們要說就讓他們說好了，我根

本不在乎！」（語氣很強硬）

爸爸：「你說不在乎他們說你什麼，可是如果是我，我會覺得很傷心哩。」（摘要，以自己的立場說出可能有的感受）

孩子：「我沒有傷心！」（有想哭的感覺）

爸爸：「有人說了一些不實在的謠言，對我們任何人都是傷害。沒關係，你現在不想談，我們找時間再談。」（同理孩子目前的心情，也許稍後再提）

　　像這個例子，有時候儘管做父親的很有同理的能力，但是如果孩子不想馬上談，就要注意，不要強逼孩子立刻同意或接收我們所提供的訊息，只要表達出來你（妳）的關心就可以了。或者是，不一定要用「等有時間再談」的策略，改以寫卡片或紙條的方式來傳達你（妳）的安慰與關心也可以。

二、正確訊息的傳達與接收

　　我們一般會以為自己所傳達的「應該」對方已經接收到，而沒有細察或做確認，大部分時候也許所談的事情無關緊要，但是偶或有重大事件就容易出差錯。教師們要「確定」同學是否了解新的教材，就會採用不同的方式來「驗證」，問問題、考試都是可以使用的途徑，但是也要明白光

是問：「了解了嗎？」學生沒有回應並不表示「了解了」。我之前提到一個小外甥玩怪獸對打機的故事，他老是用右手在搖，好像要斷了，於是我道：「偶而也可以換換右手。」他聽了，也做了，沒一下子又換回右手，我於是又說：「凡事適可而止，過與不及都不好，知不知道？」他就含糊說：「知道。」但是各位看倌，當老師的最大毛病就是「不喜歡被敷衍」，我接著問：「好，那麼用『適可而止』造一個句子。」小外甥想了一下：「阿嬤有『四個兒子』！」

　　有時候我們所使用的用詞，對方不一定了解，就會用他／她所理解的意思套用下去，這可能就是錯的。之前指導學生論文，因為是質性研究，訪談結果要採用「編碼」（coding）方式進行意義分類，但是學生竟然就用「數字」來「編碼」，所以出來的結果就不是我所要求的，因此我趕緊告訴他可以去找哪些參考書來看，真正了解「編碼」的意義。許多年以前，我曾在新北市一家私立高中任教，那時上高一的英文課，有一回我要求同學們寫一篇二百字英文作文，結果四十多位同學中有一篇是以「羅馬拼音」方式寫成的，她將中文的每個字都以羅馬拼音方式寫出來，這不知道要查多久的字典才可以完成啊！我很心疼她的努力，但是又不能對她例外，所以請她另外補寫一篇。這位同學可能在之前沒有寫過英文作文，而我卻疏忽了，以一樣的標準來要求同學，這是我不對的地方。這個經驗也讓我在後來比較會去

了解學生的不同背景、容納差異。

訊息要「確定」已經正確傳達了，最簡單的就是「詢問」對方「剛才所說的」，這樣還可以做「釐清」的動作。所以在諮商上，「重述」對方所說的不是「鸚鵡學話」、照單複述一次就好，而是用我「自己的話」將對方所說的重點再講一次，這個動作的功用有二：告訴對方「我聽到了」，還可以讓對方知道我所聽到的正不正確、需不需要做適度修正。例如：

> 「你是說你覺得我只幫他寫推薦信是不公平的，雖然你們是參加同一個獎學金的申請，不管誰先要求，我都應該替你們兩個人寫？」我說。
>
> 「不是，我不是說老師應該都替我們寫，這也是很為難。」

訊息要正確地傳達，的確也要考慮到許多面向，不僅是要傳達的訊息「清楚」（這還包括用語的共通意義、說話人的表達能力、聽的人的解讀功力、周遭環境不干擾等），還得要顧及彼此之間的關係。如果彼此不熟，也許還好，但是若彼此之間有嫌隙，或是某人對對方人格的不信任，即便是「簡單」、「單純」的訊息也會受到扭曲；然而如果彼此太熟悉，也不一定是好事，可能說的人平常說太多了，別人不

將他／她當一回事，「左耳進、右耳出」就是常見的事，另外也可能是彼此熟悉之故，聽的一方「認為」對方會無條件「重播」，所以也沒有很在意。

有時候我們擔心對方沒聽到，第一個動作就是「重複」，而且會把音量加大，但是在聽者的耳裡就非常不舒服，也許覺得你多事（因為已經說過一遍了），再者，認為你／妳的音量加大是因為「生氣」，最後可能演變成「互吼」的局面。因此可以創發不同的「確認」技巧，讓彼此的溝通更清楚而正確。

三、「我訊息」的運用

我們在跟他人談話時，很喜歡以「你」開頭，尤其是與對方有意見不合或衝突時，常常就脫口而出：「你／妳讓我很生氣！」或「你／妳就是沒有考慮我的立場！」這樣的陳述，很容易讓對方在還沒有聽之前就有「防衛」，因為可以預料你／妳話語中將要來臨的「指責」與「諉過」，因此不僅逼迫對方「無法好好聽」你／妳說話，甚至在聽你／妳說的同時就已經「接收」到你／妳的生氣情緒，準備要在你／妳說完之後「好好攻擊」一番了！

如果真正要與對方溝通，應該是先說自己的感受，然後才提對方，譬如上例：「你讓我很生氣！」或「你就是沒有考慮我的立場！」如果改為：

> 「我覺得很生氣，因為我沒有想到你會有這樣的反應。」或「我覺得有點失望，看起來你似乎沒有考慮到我的立場。」

不要先將箭頭指向對方，比較不會讓對方只「聽到」你的情緒，因為對方通常會將你的情緒「解讀」為「是因為他而引起的」，這樣也引發了他的不滿情緒，也就不可能會把你要說的話給聽完。

以「你／妳」開頭，就暗含著「指責」的意味，而用「我」開頭也表示了自己願意「負責」。

四、「合時宜」的說話

溝通要「選對」時間，也就是「合時宜」才說，比較不會被討厭，也讓你／妳要傳達的訊息更容易被接收（「接收」並不等於「接受」，但是要被「接受」前一定要先被「接收」）。

我們說有些人不會看「場合」說話，「場合」的區辨還是比較簡單（像是察覺周遭的氛圍），但是「時間」的拿捏就不一定了。若是剛下班回來，身心都很疲累，倘若在家待了一天的妻子要與丈夫談論這一天的情況，可能不容易得到丈夫的善意回應（當然個人修養或夫妻互動情況也很重要），可以等到丈夫休息夠了才做討論，可能比較恰當。

　　「時機」的另外一種情況是：有時候需要及時處理的、就不要延誤。像是有誤解時，最好立刻做道歉或是修補的動作，不要延宕，因為延宕會造成許多不必要的誤解空間。我們常常在吵過架後，彼此便不再做接觸，結果就有機會讓誤解更擴大、變得更嚴重！有時候是彼此的心結而造成解讀錯誤，甚至就以當初的誤解為基石，累積了更多的怨恨與敵意。

　　與「合時宜」有關的是「場合」，溝通時的物理環境（包括場合）也會對於溝通氣氛與效果有影響。像是有時候在家裡的時候，夫妻之間不太敢表達一些生氣或爭議的議題，怕會對孩子造成不良影響，也許就可以約在戶外的咖啡廳或是公園來談論這些議題；如果在家裡與子女對話，常常礙於各自的意見而無法持續溝通，也許就可以改在公共場合，這樣在公眾的約束下，子女也許比較願意表現出耐心、與家長做較為完整的溝通。我們在學校機構（特別是國中小學）做諮商，許多學生不願意出現在學校諮商室，因為學校讓他們有拘束，而「成人」除了權力地位較高、給他們壓迫感之外，通常是「不願意傾聽」的族群，因此諮商室也連帶成為「不喜歡」的地方，此時不妨走出諮商室，到校園或是一個僻靜、安全的地方談話，氣氛就不會那麼嚴肅。當然，如果一般要談正經事，選一個可以談話的「正式」場合是有幫助的，反之，若是較為切身且親密的議題，就選在較為隱

私或私密的場所吧！

五、設立界限、站穩立場

　　溝通的目的之一是了解對方的立場與想法，也讓對方了解我們的立場與想法，在互相都了解彼此的情況下，進一步的親密、協調或合作才有可能，因此不是要讓其中一方失去「立場」的意思，傾聽這個動作就是讓我們可以「更清楚」對方的立場與想法。「界限」指的是人與人間距離的彈性，每個人的身體就是最後的「界限」，因此不容侵犯，但是人際關係中會因為彼此親疏遠近不同而有不同界限，像是與陌生人間「界限」是清楚、分明的，然而與親近的家人可能「界限」就較為靠近、不明確，也因為「不明確」有時候會做出超乎自己意願的要求（像是父母自由進出孩子房間，讓他／她覺得不安全，界限常常被侵犯）。在進行溝通的時候，如果面對不熟悉的人，決定會做得較快與果決，但是與有關係的人（如家人、同事或老闆），要考慮的因素就很多，有時不容易下決定（像是自己已經很忙了，還要替老闆跑腿買東西嗎？）。

　　溝通有時候就要視自己的目的與能力來做，不是讓自己在非常不情願或勉強的情況下為之。必要時要讓對方知道你／妳的底限或是界限在哪裡，不要讓對方有機會踰越或是冒犯，而另一方面要注意的也是「無界限」的問題，彼此之間

太親密，有時候很難設限，自己也會感到爲難。

六、有限度地分享個人經驗

　　傾聽時，不免會想要分享自己的經驗，有時候是爲了要讓對方寬心，不要認爲事情太嚴重，有時候是希望提供有效的建議，讓對方試試看。但是當我們在做「分享」的動作時，要特別注意分享的「適度性」，不要太多或太少，時間也要拿捏得恰當。「有限度」地分享關於自己的資訊，也就是願意讓彼此關係更緊密必須要做的冒險，好友之間可以分享或是自我剖白的更多，但是也不是說毫無限制，因爲「太多」也會造成對方的負擔，「太少」則是少了親密、顯得陌生生疏；此外，有人擔心分享自己的資訊太多，若是彼此情誼生變，可能原本的這些分享就成爲對方攻擊自己、或是散布謠言的依據。

　　因爲基本上在「傾聽」時，你／妳是「聽衆」，不要不小心剝奪了對方的權利，也不要將焦點聚集在自己身上，因爲他（她）才是主角。當輪到你／妳說時，也要把握機會，將自己想要傳達的清楚表達出來，當然也要給對方發問或是發表意見的機會，要不然自說自話只是「單向傳輸」，沒有「溝通」的意義。

七、如何表達自己的意見或想法

有時候我們會擔心自己說的話沒有份量，或是不被接納，害怕對方不同意或反對，這些擔心都是很自然的，況且我們也不能要求自己的意見一定會被接受或贊成，但是還是可以表達自己的想法，因為這是我們的權利。倘若有些想法需要講出來，或是被聽見，以下有幾種方式可以試試看：

（一）「破唱片法」──站在自己堅持的立場

一般人在溝通時，或是將自己置於「受害者」或是「弱者」的立場，就會常常感到委屈，甚至失去立場。如果你認為自己的意見被聽到很重要，就需要練習怎麼讓對方「聽到」你的想法？「肯定」訓練是其中之一，尤其是對他人的要求很難拒絕的人而言，此外，就是「破唱片法」（現在應該改成「CD」）的運用。一旦唱片（或CD）被刮傷，就容易跳針，一直在原地重複，如果你堅持要對方「聽到」你所說的重點，其中一個方式是「請對方摘述一下方才你說的」，如果對方不願意，甚至很堅持你要順服他（她）的看法，你就需要展現一下你的立場，使用這個「破唱片法」。以下就是堅持一個看法，卻用不同的方式陳述，看看乙怎麼做回應：

甲：「你就不要管那些，照我說的就行了。」

乙：「雖然你說那些不重要，但是我認為先詢問一下對
　　方的意見是更好的。」

甲：「我知道對方會有意見，但是目前最重要的不是那
　　個。」

乙：「儘管目前那個不重要，卻可能會妨礙計畫的順利
　　進行，因此還是詢問對方的意見，以免後來要修改
　　更麻煩。」

甲（已經有點動怒）：「我已經說過了，不要管了好不
　　　　　　　　　　　好？」

乙：「我知道你不好受、覺得很麻煩，我相信只要先
　　去詢問一下對方可能有的想法，不會花費太多時
　　間。」

　　有沒有發現乙所採用的方式？不管甲是用什麼樣的理由
企圖說服，乙還是堅定立場（先詢問對方的意見），這就是
所謂的「破唱片法」。

　　（二）「好話說在前頭」──先肯定對方的貢獻與優點

　　我們平常不喜歡聽批評的話，但是有時候又必須要聽
到。最近電視節目流行所謂的「星光幫」，但是最受矚目的
應該是「毒舌裁判」，這些裁判之所以「毒」，是因為被賦
予的職責所在，也就是他們被要求要以「最嚴格的高標準」
來做評審，如果受評的歌者挫折忍受力不夠，有些可能會因

此而崩潰或放棄歌唱。父母親或是師長，有時候希望下一代更好，自然不免會有批評或建議，只是這些話一出口，對方可不一定領情，以這樣的情況而言，當我們要做出「評估」或建議的動作時，該怎麼做才能達到效果呢？

「直話直說」固然也是一種溝通，但是除非你知道對方的個性可以接受，而且真的不會介意，要不然就需要做一些修飾與準備，我並不是說要說「假話」。有時候彼此太熟悉了，反而會藉助「直話直說」，但卻傷到感情，特別是家人之間，因此「直話」也可以「婉轉說」，「理直」也可以「氣婉」，不一定要「一針見血」或「直搗黃龍」。

研究生在論文計畫或口考時，常常要面對幾位口試委員，許多研究生最怕這一關，甚至有些人還會在口試現場哭泣。我常常會在事先替他們打預防針：「當你在口試（計畫）現場，你就是這個題目的專家，只是自己一個人與指導老師看過，有時候還是有東西疏漏掉，因此有人願意將你寫的東西仔細看過一次，從不同的角度、甚至領域來給意見，會讓你的論文（計畫）品質更好！」我這樣說不是「安慰」而已，而是真正想要說的。

就如同我們常常要做研究、寫成報告或投稿期刊，通常一篇論文出去，順利的話，要花上九個月到一年的時間，才可以見到論文被刊出；如果一審過了，基本上論文還是要做適當的修改，而在接到幾位評審委員的修改建議時，許多人

可能會覺得氣沮，因為要修改的太多了，或是評審的批評太嚴苛，我當初也是抱持這樣的看法，但是仔細看過那些建議之後，我可以知道幾件事：

1. 評審有沒有用心仔細看完我的文章？

2. 需要修正的有沒有道理？

3. 可以修改（而不是被退回）表示還有希望刊出。

因此，我會將這些建議當成具體改善的參考，因為基本上這些評語是要讓我的下一篇論文更好、更有機會刊出。抱持著這樣的思考，我的心情真的好多了。後來我自己也開始審一些論文，我給自己一些原則：

1. 一定要找出這篇論文的優勢，然後先肯定作者的努力。

2. 先寫優點，再列需要修正的建議。

3. 在需要修正的建議上，明白清楚地寫出頁數與可以修改處，讓作者可以輕易找到，也較清楚我的想法。

「好話」雖然說在前頭，但是絕對不是虛誇或不切實際，而是要讓對方真正感受到我是「認真誠懇」的。比如說，孩子作業真的寫得太潦草了，根本就是敷衍了事，但是如果讓他重寫，也是有點不人道，於是我會說（一邊還明確指出）：「這幾個字，像是這個、這個、這個、⋯⋯寫得端正又仔細，如果其他的一些字可以做一些改進，簡直就可以參加比賽了！」切記，不要在誇獎之後接著說「但是」，這樣會讓人有「前功盡棄」的糟糕感受，例如：「你這個國語

作業寫得不錯啦，但（可）是有些字真的是太差了！」「我覺得你剛才跳得很好，只不過有一段好像跟不上拍子。」想想看聽的人會有怎樣的感受？

八、不去猜忌對方的意圖或有不適當的期待

在溝通時常常以自己的利益爲考量是人性之常，但是也不要去猜忌他人的意圖就是「沒有善意」，因爲這樣極可能造成更大的誤解。舉之前的例子來說，有一次颱風天，屋後的檳榔樹壓垮了祠堂的屋頂，於是弟弟商請屋後鄰居可否將樹鋸短一些？畢竟是颱風季節，可以避免後患。但是對方開口就很氣憤，認爲我們家故意栽贓，或是有索賠之意，結果兩個大男人口角一來一往、劍拔弩張，我於是制止弟弟，告訴他等彼此氣消了再來做溝通。後來，果然有比較好的解決之道。當我們企圖要請對方協助免除下一次的災害時，對方的自我防衛是很明顯的，這樣子堅持下去，沒有個共通處，很容易擦槍走火，因此有必要讓對方知道我們的善意，接下來的妥協或合作才有可能。

但是不去猜一猜對方的意圖，有時候也會「誤解」了對方，甚至讓自己的理解產生問題，這也就是我們在人際溝通上會面臨到的問題，畢竟人際溝通是一個複雜的過程，需要考量許多。關係愈親近的人，其實應該減少猜測，因爲彼此可以坦承的機率更高，其實不需要花太多莫名的心力去猜測。

081

　　我們在溝通時，其實都帶著對對方的期待，因此當結果不如我們預期，可能就會感到相當挫敗，甚至失去了繼續溝通的可能性，特別是與我們關係較親密的人，我們的有些期待就可能「太超過」，像是對子女來說：「怎麼可能不了解我？他（她）是我爸（媽）耶！」對於情人，我們可能會假設：「我們都這麼親密了，她（他）怎麼會不懂我？」老實說，只要跟我們關係較親的人都可以這麼了解我們，誰還需要溝通啊？心電感應就好啦！

九、檢視自己的解讀

　　當我們接收了對方所說的之後，會開始有「解讀」動作產生，而「解讀」所依據的包括自己過去的經驗、對於人性的基本假設（性惡、性善或無惡無善）、與此人的關係如何、所得資訊的多寡、對自己的看法、以及對於溝通的期待等等。如果自己過去曾有過類似經驗，就容易在遭遇類似情況時受到影響（像是長官找我談話都是訓誡居多）；對於人性的看法（像是人都是自私自利），也會影響我們對於他人行為的解讀；與此人關係的深淺或好壞，當然也會影響溝通之解讀；對於此人的了解多少（如苛刻或是慷慨），也會影響你／妳對他／她所說的相信多少？對於自己較無信心者，可能也會懷疑他人的意圖，而倘若要藉溝通達到某些目的或是期盼，你／妳也會敏銳判讀對方到底可不可能符合你的願望？

【案例一】

　　昨天你才跟這位朋友臨時周轉一千元，但是他卻不肯借，你認為他是在找理由（經驗），於是你認為這個人實在太不夠朋友（關係），因此今天他主動來跟你說話，你就認為他不懷好意（解讀）。

【案例二】

　　男友最近被妳發現有劈腿的嫌疑（經驗），因此當妳撞見他與一位女性「同事」出現在同一個場合，妳會怎麼「解讀」他的解釋？

【案例三】

　　妳希望老闆可以考慮加薪的事（期待），當她終於找妳談話時，妳很不安，因為不知道情況會如何？而她只是提及最近銷售的情況，妳覺得自己的願望沒有達成，認為老闆不重視妳對公司的貢獻（解讀），想在年後找新東家走人。

十、尋求「最大公約數」

　　有時候溝通不良是彼此太堅持己見、不願意退讓或放下身段，這種情況若是發生在親密的人之間，更是令人難受！此時，彼此最好退一步去想：到底我要的是什麼？兩造之間的最大公約數（或最重要的）是什麼？是面子、還是彼此的關係？如果把這一個問題弄清楚了，許多的溝通都容易進行，但是問題就在於：彼此有衝突時，就容易陷入「意氣之爭」，爲了要搶「贏」而忽略了其他重要的事務，因而此時更需要有一方可以冷靜下來，去思考兩造之間的「最大公約數」是什麼？是孩子（爲了孩子好，兩人可以合作）？婚姻（兩人還要繼續走人生路，需要因此而決裂或是留下遺憾嗎）？情誼（都已經是這麼久的朋友了，爲了這一點事要絕交嗎）？合作（可以創造彼此更大的利潤，就要因此而破局嗎）？

十一、從不同角度看事情、運用幽默

　　有時候因爲彼此經驗、背景或是價值觀不同，看事情角度就不一樣，偶而還會有衝突或扞格，然而這也可以是優勢，也就是偶而從不一樣的觀點去看同一件事，也許感受會不一樣，像是大家耳熟能詳的「半杯水」與「非洲賣鞋」的故事，悲觀的人看到「只剩下半杯水」或是「非洲人不穿

鞋」，但是樂觀的人看到的卻是「還有半杯水」以及「非洲人沒有鞋穿」。「幽默」也是從另一個角度看事情，是溝通的潤滑劑，幽默先要從「自我解嘲」開始，倘若不能夠開自己的玩笑，通常也不能開別人的玩笑。要注意的是：幽默不是「挖苦」或「嘲諷」，兩者之間的分寸要拿捏好。

「不溝通」或「拒絕溝通」是關係之大忌

有些人是「不溝通」的，偶而親密家人或伴侶之間也常常有這樣的「冷戰」方式，但是若沒有一方願意先軟化、先破冰，可能關係要修復就很難。「不溝通」的原因當然有很多，「拒絕溝通」即是其一。

一、中間人或「間接」溝通

意見不合的雙方不願意「直接」講話，就會用「中間人」或是「間接」方式溝通，但是這至少還是「溝通」，然而就已經產生很大的問題了！因為「直接」溝通還不一定可以完整傳達，更何況經由「中間人」的方式。如果是「正派」的「純」中間人還好，萬一這個中間人心術不正，任由其天花亂墜，豈不更慘？家人之間最常見的「中間人」是孩子，父母不合、但是又有許多事情必須要知會彼此，就找

「中間人」來傳達。

我們在平常會很注重「口語溝通」，甚至認為「口語」是唯一的便捷溝通之道，也就不太會去用其他的管道來互動，但是一旦吵架，或彼此關係不好，許多的「間接」溝通模式就派上用場，這真是有一點諷刺意味！間接溝通的一個例子就是：夫妻吵架不說話，但是吵架前丈夫說第二天要早起，要記得叫他，但是翌日丈夫晚起了就對太太發飆，太太一言不發走到床前的枕頭旁，拿出了一張紙條，上面寫著「喂，六點了，快起來！」

並不是說間接溝通達不到效果（有「笑」果，如上例），而是也要看適當時機。

二、「不溝通」或「拒絕溝通」

有些人吵架之後就「拒絕溝通」，就是處於「冷戰」狀態。如果只是在吵架當時，其中一方不「參與」、暫時離開現場，過一段時間之後再來緩頰，可能是處理衝突的方法之一，但是倘若沒有任何一方願意「退讓」或先做「破冰」的動作，可能就讓冷戰持續下去。

「不溝通」有一個最大的問題就是：讓彼此的誤解「莫名奇妙」增加其複雜度。為什麼這麼說呢？因為「不溝通」就缺乏彼此了解的「管道」，因此所有的言語舉止就全部靠對方單向的「解讀」了，危險性在於「沒有機會跟對方確

認」，所以解讀錯誤的機會更大！例如原本是中性的「看一眼」動作，卻因爲之前吵過架，可能對方的解讀變成「看我不爽」或「看我不起」，日積月累誤會更大，要冰釋的機會就更渺茫！

　　當然，有些關係是可以選擇「繼續」或「中止」的，如果個人認爲「不值得」就可以做這樣的決定，但是親人之間往往無法這樣做。那麼要如何溝通、維持「適當」的關係呢？下面章節將會提到。

第四章　溝通管道

　　從之前所敘述的內容可以了解，溝通不只是言語內容的傳達而已，還包括更多「非語言」的部分，讀者諸君思考一下，當你在與他人溝通對話時，除了注意對方口語的訊息內容之外，是不是還會觀察到對方說話時的其他表現？溝通其實是所有線索的綜合結果。因此本章先就語言的溝通管道開始，然後敘及其他非語言部分。

語言的使用

　　溝通最主要的還是使用「語言」，但是語言是「兩面刃」，可以表達也可以傷人。語言文字有其力量，有時候相當龐大！每一種語言的學習都可能因為特定語言的發音部位與習慣，影響其使用者在學習其他語言時的一種障礙，像是我們國人學中文，習慣說台語的與習慣說客語的發音，就會不同，甚至容易被辨識出來（像是「發揮」二字的發音），同樣地，我們在說英語時，也可能因為基本習慣語言發聲的慣性，而影響到新的學習。我在國外進修時，有美國人就對我說：「妳說話有一種腔調。」我也毫不客氣地回道：「妳說說中文，我相信也會有腔調。」從這裡就可以知道語言所表示的不僅是溝通功能，還有附加的許多涵義（像是種族、生活習慣與文化），因此不能不謹慎！

一、語言的使用規則

使用中文的人，基本上很少去理會所謂的「文法」，因為久了自然會習慣，因此第一次在高中國文課接觸到我國語言的「文法」，感覺上就怪怪的，好像只有學習外國語文時才會碰到類似的問題。但是每一種語言都有其慣用的文法規則，只是我們平時不太去注意而已。我記得以前在大學時代與來自香港的同學對話，就曾經出現過這樣的情形：

甲說：「我吃過飯了已經。」
乙道：「你是說你吃過了。」

原來甲將英文文法套用在中文的使用上（I have had lunch already），但是在中文上沒有這樣的用法。

在英文裡有一句話：「我同意。」（You may say that again），字面上的意義是「你可以再說一遍。」不熟悉美國文化的人可能會誤解其意，就曾經有一位美國同學與東方同學有這樣的對話，美國同學同意東方同學的論點，於是道：「You may say that again.」結果東方同學就又照原句說了一次，美國同學發現被誤解了，於是改道：「I mean I agree with you.」（我的意思是「我同意你的看法」）

即使是同一種語言，也會因為背景或是場合不同，可能

會有不同的解讀與意義，需要特別留意，省得產生誤解。舉例來說，老一輩的人會認為現代年輕人用語「粗俗」，但是隨著時代的演變，語言使用也會跟著變化，其實不必太去在意。

二、文化的規則

這與之前所說的「脈絡」有關，像是歐美人習慣以「直接溝通」或「事實陳述」為原則，顧慮的是溝通的有效性；東方人卻是以「間接溝通」或「情緒陳述」為原則，著重的是人際關係的和諧。此外，女性的溝通較以「人和」或「關係」為重，男性溝通以「效率」或「目的」為首要，所以女性給人較有禮貌的印象，因此也有文化上的約束存在。而對青少年所使用的創新語彙，也要有所了解，不要用太批判的耳朵去聽。

三、語言的意義

即使是同一個辭彙或是用語，不同的人的定義與涵義也有差異。像是「誠實」與「說謊」的定義，許多人都不同。舉例來說，某商店前面貼出「一律半價」，但是顧客一進去卻發現只有「若干商品」是半價，當然很不服氣，於是就找店長理論，店長說：「我們又沒有說是『全部』一律半價！」

又譬如說，孩子回家告訴家長說自己被打，但是沒有說出是「彼此互打」，結果家長去找對方家長理論，發現兩邊都有錯，但是孩子只說了「部分事實」算不算是「說謊」呢？另外，「善意（或「白色」）謊言」是不是「謊話」？

語言的意義其實就是建構在溝通的兩造，說話的雙方共同「建構」語言的意義。即使是使用語言能力相當好的人，有時候還是會受限於一個改變不了的「事實」：我們要表達的東西並不等同於語言可以充分表達的範圍，因此語言也有表達的限制。

四、抽象與具體

語言的使用有抽象與具體的部分，有些情況下，抽象是可以接受的、可以表達的範圍也很廣，但是有時候則是愈具體愈佳。像是：

1. 抽象的說法

甲說：「無聊死了，真不知道要做些什麼？」

乙道：「是啊！覺得好空。」

2. 具體的說法

甲說：「去看場電影怎樣？」

乙道：「好啊，最近有什麼好的新片子？」

五、直接與間接

我們在溝通時會使用直接與間接的方式表達自己的意思，都各有其目的，也要注意使用的時機。有時候在社交場合，我們不好意思或是不忍心直接說出自己的想法，間接的方式是可行的，但是彼此若是交情夠，其實直接溝通還是可以諒解的，也不會妨礙彼此關係，而使用比喻的方式也是間接表達的一種。像是：

1. 直接的方式（表示時間晚了要離開）

甲說：「已經很晚了，我要回去了。」

乙道：「哦，我不知道已經十點多了。」

2. 間接的方式

甲說：「聽你說話真的很有趣，這樣吧！我們下次再約長一點的時間，我再好好聽你的故事。」

乙道：「好啊，抱歉耽擱你的時間。」

而有時候，間接的表達似乎較為得體，以免破壞了人際關係，這也就是東方人表達的特色，像是：

老闆問：「客人，你吃了覺得我們的菜怎樣？」

客人道：「還可以。」（其實是很難吃，但是老闆也很客氣，又不能不給對方面子）

3. 比喻的方式

甲道：「我渾身不舒服，就像是有蟲子在咬一樣。」

乙道：「是癢得不舒服，還是會痛？」

有時候因為語言的限制或是以一般語言不足以表達真確，用打比方的方式更能夠傳達內容。像是：

甲說：「這一場演講聽下來，真像是無頭蒼蠅。」

乙道：「不只是無頭蒼蠅那樣不知所云，而且還覺得浪費生命哩！」

1. 直接的方式

甲說：「你講話不要這麼粗魯好不好？」

乙道：「你說什麼？我粗魯？」

2. 間接的方式

甲說：「你說話好直接。」

乙道：「我就是這樣，有冒犯之處請原諒。」

在讚許他人的時候，對於不習慣直接接受稱讚的國人來說，以間接的方式表達，可能會較適當，像是：

1. 直接的方式

甲說：「哇，這件衣服好漂亮，哪裡買的？」

乙道：「我前陣子去○○逛街買的，價錢也不錯啊！」

2. 間接的方式

甲說：「衣服穿在妳身上，衣架子就是衣架子，非常適合！」

乙道：「謝謝啊！」

　　但是間接溝通有時候並未將意思表明清楚，就容易出現問題，因爲間接的方式容易將焦點轉移。像是：

1. 直接的方式

甲說：「你不喜歡跟我去逛街，因爲不知道要做些什麼？」

乙說：「我沒有太多耐心，跟著你一家一家慢慢逛。」

2. 間接的方式

甲說：「你是覺得我很麻煩嗎？所以不跟我去逛街！」

乙道：「我沒有說啊，是你自己說的！」

六、概括性與特殊性

　　太常使用「概括性」的用語，像是「總是」、「一直」、「常常」、「絕對」、「一定」、「應該」等字眼，會讓聽的對方覺得沒有轉圜的餘地，好像是被定讞了、永無翻身之可能。例如：

1. 概括性說法

　　父（母）親說：「告訴你多少次了？東西用完要放回原處，你總是忘記！」或者是孩子抱怨說：「爸爸已經不是第一次偏心了，他每次都這樣！」想想看聽的人感受是不是很糟糕？

2. 特殊性說法

父（母）親說：「東西用完放回原處，可以讓自己跟別
人都方便。」

孩子抱怨說：「爸爸，你上一次也要我讓妹妹，這一次
可不可以換她？」

七、肯定與否定意義

我們在溝通時常出差錯，是因為在言談中我們「否定」
了對方的說法（或意思），或是自己的說法被「否定」，那
種感覺是很糟糕的！良好的溝通應該是先「肯定」對方的說
法（「接納」對方有權利這麼說，但不是「贊同」），讀者
可以回到「傾聽」那一章節，所謂的「同理心」部分。例
如：

1. 否定的說法

甲說：「我覺得很生氣，因為自己做這麼多都沒有被感
激。」

乙道：「所以我說你是多管閒事嘛！」

2. 肯定的說法

甲說：「我覺得很生氣，因為自己做這麼多都沒有被感
激。」

乙道：「我可以了解你覺得自己沒有被感激的心情，好
像做到流汗、被人嫌到流涎（台語）！」

另外，說話措辭基本上不要使用「雙重否定」的句子，會讓人聽不懂，尤其是小孩子更難理解你／妳說的是什麼。例如：「你不要不說話好不好？」「你不是說不要去的嗎？」

七、語言的修飾

正確或適當使用語言其實也很重要，因為使用不一樣的語言給人的感受會不一樣。比如說，有一回我去超商買東西，正好有個「刮刮樂」活動，我於是問道：「要現在刮嗎？」結果那位結帳員回說：「隨便！」當時我聽了就很不舒服，很想告訴她其實有不同的說法，讓別人的感受會更好，但是看起來她根本不介意，所以我又何必麻煩自己？如果這位店員改說：「都可以。」是不是整個意思就較為正向了？

以前在一所私校任教，常常有一些教具上的使用需要一位年輕校工幫忙，因此我也覺得不好意思，但是這位校工先生每回在我謝過他之後，他都非常輕鬆自在地說：「應該的！」那種感覺真好！他不僅讓我覺得接受他的幫助是一種榮幸，而他也將自己的工作做得相當有水準、有尊嚴！我相信以他這樣的態度，未來的發展一定很好！後來我也如法泡製，有時候同事或是學生要我幫個忙，我就會努力去做好，他們會很感激，我就回他們：「這是我應該做的。」意思是

請他們不必這麼在意。所謂的「直言緩說」就是這個道理，實話不一定要直楞楞地刺傷人，可以做一些修飾，但是沒有改變基本要傳達的內容。就連批評也是一樣，先就優點來說明，然後建議：「如果可以注意以下幾點，相信更完美」！

非語言訊息

非口語的溝通訊息常常是曖昧不明或無法分辨的，因此也常常會因為知覺錯誤而造成解讀錯誤；但是口語所傳達的也不一定就是絕對正確，有時候同一個用詞對不同人有不同意義與解讀（像是「爽」對年輕人來說是很棒的意思，對於上了年紀的人來說卻嫌其粗俗不雅）。非語言訊息通常可以包括以下幾種：

一、外表（包括長相、膚色、衣著、整潔度、味道等）

二、身體動作（姿勢與姿態）

三、臉部表情（臉部的表情僵硬或自然、情緒的表露與眼神接觸情況等）

四、空間或身體距離（彼此之間的物理距離、碰觸與否）

五、前語言（包括語調、沉默的意義等）

六、其他媒介的溝通

一、外表

　　一般在就業訪談中，許多人會注意到自己的外觀與穿著，包括要正式一些，表現出「專業」與「誠懇」，如果染了髮、或是著牛仔褲（除非是特殊情況，如舞蹈徵選），可能容易被打回票。但是我們一般人在日常生活的穿著上，給人的第一印象通常也是外觀所表現的，如果穿著不「貴氣」一些，走進昂貴的精品店或是服裝店，服務人員也不會主動來招呼。

　　穿著當然與場合要適配，正式場合穿著不得體、或是非正式場合穿著太嚴肅也不對，另外衣服顏色的搭配、適不適合自己的年齡與身分、合身與否也都很重要。長相好或是外表乾淨俐落的，給人的印象分數通常很高，也讓對方願意跟你／妳好好溝通，相反的也會吃些虧！自信當然也可以展現在外表上，如果自信不足、或是害怕，表現出來的就是畏畏縮縮，少了許多分數！夏天、某些種族或個人體味較濃，可能不是一般人喜歡的，因此適度使用除臭劑是可以的，但是也要注意香水的使用，有些人身上即便使用了香水，味道似乎融合了其他味道，讓人有刺鼻的感受，自己本身可能不知道（入芝蘭之室，久而不聞其香）。

二、身體動作

在聽一個人說話時，你會注意到對方的哪些地方？眼睛是不是願意正視你？有沒有閃爍不定？對方說話的手勢如何？激動還是冷靜？動作多還是少？

姿勢是開放還是閉鎖？雙手下垂還是環抱在胸前？每個動作或姿勢都有其意義，像是摸鼻子（表示「無聊」或「懷疑」）、搓手（緊張或不知所措）、揉眼睛（疲勞或不想聽）、眨眼睛（焦慮、否認、說謊或是個人習慣）、抖腳（無聊、緊張或習性）等。

女性在說話時肢體動作較多，而男性的肢體動作則較為誇張，當然有時候也因人而異，一般人在說話時，若情緒較為激動，身體語言會增加；情緒較為低落時，身體語言就較少。有時候身體出現的徵狀或病痛，也隱含有其溝通的意義，像表面上是「肚子痛」，但是隱藏的意義可能是「我需要關心」，我們有時候在臨床上所發現的一些問題或徵狀，其實也隱含著其他意義或功能。舉例來說，如果家裡面突然出現不上學的孩子，家人可能就會將注意力放在這樣的孩子身上，但是真正原因可能是父母吵著要離婚，孩子希望藉由自己出問題，挽救父母親的婚姻！因此身體動作或任何行為也都可以有溝通的目的或意涵。年紀愈小的孩子因為語言發展未臻成熟，因此常常會以身體方式表達自己的意思，像是

頭痛、不想上學，可能是學校發生了讓他不愉快的事；無故
搥打自己，可能是對自己不被了解或是遭遇重大挫敗的抗
議，這些身體語言也都值得注意，當然也可能只是要引起成
人注意而已！

三、臉部表情與眼神

我們的一個揚眉、嘴角下垂、或是眼神，都傳達著許多
的意涵，不一定是要藉由語言才可以表現出來。有時候我們
看一個人，對方雖然不說話，但是眼神銳利、甚至凶狠，可
能就讓人退避三舍！偶而看到身邊的人皺著眉頭，不需要他
（她）表示，我們可能會猜測他（她）可能心情不好、在煩
惱什麼事。一般人在辨識臉部表情時大概有八成的精確度，
除非對方真的掩飾得很好，或是有些人有辨識的問題（如自
閉症者）。而且一般人（不論文化）對於一些臉部表情的詮
釋是差不多的，如驚訝會睜大眼、生氣會臉紅脖粗、難過會
低頭沉默等。

如果真正聆聽，眼神會較為聚焦，臉部表情也很自然會
隨著說者的敘述情節轉變，因此臉部表情其實也可以證明聽
者有沒有認真專心聽。但是有時候臉部表情與說的情況不一
致時（例如在說悲傷的事卻在笑，或是面無表情），就會讓
聽的人覺得很奇怪，到底是在說真的？還是努力在克制自己
的情緒？

我們看演員演戲，有時候不是因為劇情吸引人，而是演員將某個角色詮釋得很好，所以有些演員走在路上會因為他（她）在戲劇裡的角色而受到歡迎（討厭、或同情）。眼睛其實是最會洩漏個人情緒的窗口，像是微笑時，眼睛也會跟著笑，緊張時，眼神會有閃爍與驚慌，還包括說話誠不誠實，也可以從眼神中看出來，因此我們常常在要確定對方是不是說實話時，會要求他／她「看著」自己說話，連小朋友若覺得自己說錯話或說謊，還會刻意閃避他人的眼神。女性較喜歡與人有眼神接觸，男性則較少，此外，還有文化的因素引響眼神接觸，像是東方文化裡，晚輩較少與長輩有眼神接觸（表示尊敬），或是回教文化裡男尊女卑、女性與男性的眼神不能直接接觸。

四、空間或身體距離

空間或是身體的物理距離也表示了彼此的親密度。東方人的人際物理距離比較靠近，也許是因為人口眾多之故，每天都必須要與他人做近距離的接觸使然，即便是在溝通或對話時，彼此之間的距離是較西方人靠近的；當然說話者彼此之間的關係也與物理距離有關，如果彼此不是那麼親近，可能身體距離就遠一些，但是如果兩造關係較親，可能就緊挨在一起，有時也不免有身體上的碰觸。性別不同，物理距離也有異，男性之間的物理距離較女性遠，若是要分享秘密或

親密訊息時，身體還是會自然靠近。

空間距離也可以顯示其身分地位，不知讀者有沒有注意到：大老闆的辦公室通常較為寬廣？小辦事員的工作空間較為狹隘？因此與他人保持若干距離，也可以有一些意涵存在：表示我地位較高、或是較不易親近、或是溝通較不容易。

碰觸動作也有不同意函，一般人為了維持與他人間的「界限」，會有不同身體距離的選擇，但是愈親近的人、身體距離愈近，「碰觸」當然是最近的距離，而「碰觸」也蘊含著「界限」的彈性或侵犯，人最後的界限就是身體，除非經過同意，身體的最後界限是不能違反的。碰觸有正面的意義，可能是嘉許、鼓勵、欣賞或喜歡，或只是好玩，但是也有「控制」的意義（像是老師去碰觸學生肩頭，要他／她不要再講話或搗蛋），此外，還有儀式（美國人以握手為寒暄之意）或禮節（阿拉伯人以親臉頰迎賓）的意義，也有是因為工作關係不得不有身體上的接觸（如按摩、打球）。

五、語調與其他

語調就是所謂的「前語言」之一，雖然不是語言，但是卻有與語言同等的作用。語調可以傳達說話者的情緒、真正意涵，因此有些人語帶諷刺、貶抑、歡喜、討厭、悲傷或喜悅之意，一般人都可以接收得到。音量也是「前語言」的一

部分，可以從音量中感受到說話者的「情緒狀態」、是否在「強調」、或是缺乏自信？我們生氣時音量會變大，「強調」某件事時也會運用較大的音量，希望引起注意；相對地，有自信的人說話較大聲，較無自信者說話音量就較小。而說話速度，不只說明了說話者的個性（急或緩），也顯示了他／她當下的情緒如何。

　　「沉默」通常是人際溝通裡較為複雜的議題。彼此關係夠好時，沉默不是問題，但是彼此關係較生疏時，就比較不能忍受沉默。「沉默」常常在溝通時發生，但是有其不同意義，也許表示生氣、不滿，或是思考、沉澱，也許是困惑、不解、焦慮等等，也有人以「沉默」當武器企圖要傷害對方（例如夫妻間的冷戰）。

六、其他媒介的溝通

　　現在手機便利，幾乎人手一機，走在路上、坐在車上也都可以聽到許多人使用手機，手機已經替代公用電話，而且有更多的功能，這種現象似乎也說明了人是多麼希望與人連結、與人溝通。許多人誤會「溝通」是「口語」上的動作，但是我在之前已經提過許多溝通的「線索」，因此相信讀者們已經很清楚「口語溝通」只是溝通的其中一個管道，想想古代文字未發明之前，我們的老祖先還是可以彼此互動溝通的；我們在電影裡面也看見在戰場上可以用密碼、手勢、旗

幟、煙火或信號彈等等方式來溝通；我們去畫（藝）廊欣賞畫作（作品），畫（藝術）家又如何傳達給觀眾他（她）畫（或作品）的意義？有時候我們會將心情以顏色、物品，或象徵物為代表，如「今天心情很藍（像湛藍的湖水、像被棉被包裹住暖暖的感覺）。」溝通也是如此，不一定要以「語言文字」的方式為之。在這一章節，會提到其他媒介的溝通管道。

（一）電腦科技的溝通

現代人因為科技的進步，溝通已經不限於面對面的直接口語溝通，可以藉由手機與電腦的功能有更多管道的互動，許多人以一個電腦介面（如臉書、MSN）作為聯繫之用，許多人也發現這些現代科技的確讓他們可以與家人或親朋好友有更多溝通機會。只是因為電腦上面的溝通畢竟不是面對面的直接接觸（所謂的「虛擬世界」），因此也給了使用者許多想像的空間，這樣的想像空間有利有弊。優勢在於因為匿名、看不見對方也不會洩露自己的身分，因此可以暢談平日無法或不會與親密人所透露的私事或秘密，可以紓解壓力或罪惡感，也滿足與人親密的需求；最害怕的是想像不切實際，甚至誤以為是「現實」，而受到欺騙或讓犯罪行為發生（如網路援交或被侵害）。

在科技發達的前提下，電腦網路幾乎是無遠弗屆，許多人會在網路上利用部落格（blog）來抒發與記錄，這也是很

好的一個溝通管道，上學生或是親友的部落格，可以知道對方最近發生的事與近況，更重要的是她（他）的心情紀錄。此外，手機的簡訊、或是使用的特殊符號也都是拜今日科技之便。電腦科技的便利，增加了我們的溝通管道，也讓許多不敢或是羞於當面與人溝通的人有其他的表達選項，只是這些管道最好都可以平衡使用，因為與人的直接接觸才是最根本、最重要的途徑，要不然與人建立的關係還是缺乏真實性。

（二）顏色與譬喻

我們會用顏色來形容自己的個性或是感受，像是「我喜歡天藍色」，可能表示此人嚮往自由、輕鬆的生活型態，也表示他／她的（嚮往）不拘小節，因此可以表示「事實」或是「理想」。有人形容自己：「我臉都黑了！」表示此人很生氣、覺得失望、挫敗或無奈。我們學心理治療，有些基本常識可以協協助我們去觀察與評估情況「正常」與否？譬如一般正常、年幼的孩子，喜歡用鮮豔的色彩（如紅、澄、黃、天藍等）畫圖，然而如果孩子使用的顏色晦暗，第一個就要問：「怎麼不一樣？」進一步去觀察也找答案，心理學上也有「墨漬測驗」或「畫人畫樹測驗」，以「投射技巧」來做評估。

（三）圖畫與音樂

我曾經輔導過一位五歲的小女生，當時是以繪畫為主要

的媒介，第一次她在八開紙上用褐、深藍、綠等顏色進行時，我心中就有了一個大問號，而最奇怪的就是她最後會以黑色將圖畫「切割」成六個區塊，一節治療結束後，我馬上去找督導諮詢，她要我繼續觀察；接連幾次都是如此，第三次時她甚至用很完整的一句英文說出：「我媽說要跟這個男人上床。」接著，我於是與督導有較長時間的對談，原來這位小女生的母親是十四歲就生下她，這六年多來，母親也一直在換枕邊人，小女孩的生命中一直沒有穩定的「父親形象」，她的生命其實就是被切割成碎片。小女生的語言能力無法描述出她的心情與感受，只能用她可以的「繪畫」表明她的困惑、悲傷與不知所措。

曾有一位家長帶著成年兒子去拜訪孩子的國小老師，她說要當面謝謝老師，因為兒子一向木訥、內向，有時母親也無法猜測他的心情，而老師在孩子小學四年級時教他直笛，母親就發現：只要孩子心情不佳時就會吹直笛，這樣的習慣到成人一直都如此！這位母親觀察到孩子可以用直笛來表達自己的心情，而孩子也可以藉由樂器來發洩情緒，母子之間可以更投契。

有青少年家長不知道自己的兒子為何老是聽一些震耳欲聾的重金屬音樂或搖滾？其實聽音樂可能是我們舒緩情緒或療癒自我的一種方式，不同的心情會聽不同的音樂，年輕族群所喜愛的音樂也許不是家長們所認同，但是那是他們處理

自己情緒的一種方式，試圖去了解就不會覺得討厭，只要提醒孩子們要注意音量、保護自己的聽力就好了，若是他們願意談談，你／妳隨時都在。

（四）其他活動或娛樂

男性心情不佳時，會窩在房間裡，或聽音樂、打電動，有些還會去打球、飆車等，以動作類的抒發爲主要；女性心情不佳時，會找人聊天、寫寫日記或部落格、逛街、夜唱等等，以靜態的活動爲主要。每個人表現或抒發情緒的方式不一，但也是溝通可以察覺的線索。這其實也是提醒我們：每個人都可以開發更多種的溝通管道，不需要執著於一種。

第五章　溝通常見的問題

　　溝通能力不是與生俱來，因此需要培養與練習，也因為每個人都希望可以與人建立起有意義的關係，因此人際關係通常就是心理困擾的主要原因，許多人也都將人際關係視為「溝通問題」。到底與人溝通常遭遇到哪些問題呢？

以前他／她不是這樣，現在怎麼變了？

　　親密關係在發展時，總是無話不談，感覺與對方在一起很有趣，但是關係發展到一個階段，可能因為熟悉，許多親密的對話就不像最初時那麼多，反而落於較為日常生活經常有的一些對話（如例行事務、寒喧招呼），因此也說明了親密關係的確需要經營，溝通也是！彼此願意抽出時間來談想要談論的議題，讓對方可以多了解自己，或自己多了解對方，「刻意」中就有「善意」與「愛意」在。

我不是說得很清楚了嗎？你／妳為什麼不懂？

　　有時候我們說很多次卻不一定達到要傳達的意涵，這時候就要思考：「為什麼對方不懂？真的是說不清楚嗎？還是沒有達到共識？」我們在與小朋友對話時也會發現，即使說

113

得很清楚，對方卻不一定明瞭，那時候可能考慮到：小朋友還不懂得一些語句的意思，或者其認知發展還不到某個程度。例如：

「那個地方拐個彎就行了！」如果這一句話沒有其他的描述，可能會有不同意義，它可能是「轉個彎就到某個地方」或是「說話不要太直接、婉轉一點就可以了」。

「你不要什麼事都這麼沒有自己的看法，你該去找工作了！」請問這一句話是什麼涵義？如果「依照」說者的建議去做，是不是「沒有自己的看法」？這一句話有矛盾的訊息！

因此，話說得「清楚」是不夠的，只是「說者」認為自己表達很「清楚」而已，聽的人卻不一定「清楚」！如果碰到這樣的情況，也許將同樣的句子以不同方式表達，可以達到「確認」的效果，例如：

「汝安，則為之。」
「你覺得這樣做會安心，就去做吧！」
「如果這就是你要的，而做了也不會心裡不舒服，那就去做吧！」

還要我說多少次，他／她才聽進去？

倘若一直重複許多遍，你／妳還是覺得對方沒有聽進去，是不是該考慮其他的可行之道？（一）也許對方不想聽，也不願意做改變；（二）也許你／妳認為此事很重要，但是對方不認為如此？（三）或許對方知道你／妳會一直重複，因此沒有理會？如果你／妳認為這件事很重要，那麼就找較為正式的場合再跟對方說一遍；如果你只是希望對方改變，倒不如與他／她好好商議改變與不改變的好處；若是對方不願意聽、也不願意改變，那麼就放過對方與自己吧！許多人的「重複」溝通會伴隨著「音量」的加大，其實於事無補！

他／她是一個無法溝通的人！

這是一句結論，可能是在努力多次之後才得到的心得，或者是聽到傳聞說此人「難搞」。倘若要獲得此人的合作或支持是很重要的，「有效溝通」勢必要進行，若是無關緊要，當然也就不必去理會。若是一定要做「有效溝通」，先做充分準備是必要的，此外，了解對方熟悉的溝通方式也很

重要，多預備一些溝通方式或管道也是重要的。如果「說」
不清楚，就用例子或是圖解方式輔佐，如果你／妳很重視這
個關係，就不要輕易放棄。

沒有人想跟他／她說話，因為他／她太情緒化！

許多人在與人溝通時，常常只讓對方接收到「情緒」，
卻沒有傳達真正要對方知道的訊息，主要就是因為在溝通時
表現了太多的情緒，使得對方「只」注意到他／她的情緒狀
態（通常是「氣憤」）。即便是「情緒化」的人也有「好情
緒」的時候，找對「時機」很重要，不要只是一味標籤，認
為對方就是某個固定的模樣。有些人的溝通模式讓接收的人
常常只「感受」到他／她的「情緒」，可能是習慣使然，若
要有更好的溝通與人際關係，就該改變一下這樣的習慣了。

好啊，要溝通，來呀！

真正要誠心與人溝通，讓自己與對方都有機會表白清
楚，不是一句挑釁的話或是臨時起意就可以完成，有些人或
許需要更多的準備，有些人也許不擅於言詞，需要較長的時
間，因此最好的作法是協調出一個可行的方式與時段。過多

的溝通並不能保證溝通的成功或滿意，許多人一旦要解決問題，通常就是說：「我們溝通溝通！」但是過多的溝通並非有效之溝通，還需要去檢視這樣的溝通動作是否真正達到目的？

我就是不想跟他／她說話！

許多人面對同一個人，知道對方的習性如何，在對話過程中會很不舒服，或是結果很糟，因此也就減低了與之互動的動機，所以不想跟對方再度遭遇是可以理解的。只是如果有重要的事必須要處理，還是要去面對，儘管人際關係是最難處理的人間事務，我們基本上還是需要做一些處置。因為當我們發現遭遇到某類的人，就像是碰到自己的死穴一樣，也是提醒自己：我在面對這樣的人時，常常有困難，是不是意味著這是我的挑戰？如果我這一次又逃避了，下一次還是碰到同樣的人，我還是不會處理，那麼我的功課就沒有完成！

也許你／妳不認為這樣的情況有多嚴重，「反正跟這種人無法相處，以後避開就是了」，然而試問一下自己：「可以避開多少次？不是增加自己生活上或處理事情上的困擾嗎？」此外，如果「必須」要跟此人有所互動與溝通呢？想逃也逃不了，倒不如學習如何與此人做較好的了解與溝通

吧！

　　有些人不會直接對當事人溝通，而是藉由第三者來傳達，固然第三者有其緩衝或是協助功能，但是也可能會有一些錯誤的認知或傳達。像在家裡，如果父親與子女較為疏遠，可能母親就成為中間的「傳話者」，母親的角色為的是緩和氣氛或是代為傳達，但是父親與子女可能有不同的想法，加上母親自己的解讀，或是有其他用意，因此所傳達出來的就不一定那麼完整。以下是同一例子，可是傳達的人有不同動機，結果就可能不同：

【案例一】

　　父親：「妳去告訴他，我不同意他選的組。」

　　母親對孩子：「你爸說，你是不是要再考慮一下選的組別？」

【案例二】

　　父親：「妳去告訴他，我不同意他選的組。」

　　如果母親是站在孩子這一邊，可能或加入自己的一些想法：「你爸可能對你選系的原因不清楚，你是不是要讓他知道？」

【案例三】

父親：「妳去告訴他，我不同意他選的組。」

倘若母親對於父親的許多決定一向持反對態度，但是不明說，她可能就會以這個事件來作反應：「你爸不了解你的情況，你不必理會他的想法，自己的想法最重要。」

我說東，他／她說西，我們沒有共識！

溝通過程常常因為雙方所知覺或所認知的不同，而產生障礙。每個人都是以自己為中心的方式去感受周遭的事物，因此有可能因為知覺的差異而產生認知的不同，但是不要忘記：「共識」也是要經由溝通才可以了解或達成的。一般說來，兩個人所觀察的事物面向與感受不一樣，可能受到先前經驗的影響，像是有過被騙經驗的人，可能不太容易相信人，因此倘若有人提供上門的好處（像是中獎之類），第一個反應是「不可能」。在與人互動的過程中，總是有成功與失敗的經驗，而我們對於失敗或自己受傷的記憶會特別深刻，因此也會將自己歸納的「該種人」特質植入記憶庫裡，

作為以後識人的重要參考，這當然無可厚非，然而也因此，這些印象有時會助長或妨礙我們與人的互動與溝通。

　　知覺也會騙人或產生錯誤，可能是因為自己的喜惡、需求或偏見，因此蒐集的資訊與解讀方式就會有不同，有時候就會「選擇」自己想聽見的，把焦點轉移了。

【案例一】

　　顧客說：「你的東西是不是被掉包了，才會出現品質不一樣的情況？」

　　老闆說：「你是說我作生意沒信用嗎？我二十多年來都是靠信用的！」（只聽到「品質不一」而認為顧客找他／她麻煩）

【案例二】

　　同學說：「我想要知道為什麼這一題錯？錯在哪裡？」

　　老師說：「我沒有改錯，是你自己的問題！」（以為學生指責老師改錯）

【案例三】

先生說：「可不可以把電視關小聲一點？」

妻子說：「你不要故意找事情做，不聽我說話！」（可能彼此正在談話，先生想要聽清楚一點，要求將電視聲音關小，但是妻子認為他不想聽）

我好擔心對方聽不懂我說的話！

溝通很大的障礙在於「焦慮」，焦慮的來源有許多，擔心自己也擔心對方。由於溝通是一項能力，因此練習就變得很重要；在沒有做真正溝通動作之前，許多擔心與想法都無助於事，因此要有「行動」。有時候可能因為對方所使用的語言或是用法不同，也會讓溝通者有這一層擔心。像是一般成人與青少年對話，有時候還是習慣用「成人」語氣、甚至是較為「高深」的用語，就會造成青少年的誤解或是困惑。

【案例一】

　　成人：「你這樣做沒有考慮別人的感受嗎？」

　　青少年：「我爽啊！」

　　成人：「什麼『爽』？」

【案例二】

　　青少年：「老爸，不必這麼嚴肅嘛！」

　　成人：「甚麼『老爸』，沒大沒小！」

他／她只會批評

　　有人說話時不忘記批判，所以很容易惹人厭，不分青紅皂白的「批判」，第一印象就是讓人覺得你／妳「自以為是」，或是權力、控制慾太強也是不尊重他人的表現。這種人常常是把自己人際關係搞壞的人，倘若是上司或長官，也很難「上意下達」，下屬也許懾於威權或是工作保障唯唯諾諾，但是很難與上司交心。有時候教師或是父母親因為「責成」，所以使用了批判或是嚴厲的字彙，這時就要去思考是不是傳達了想要傳達的？

溝通是人際關係的關鍵

　　我們常說溝通是為了更好的人際關係與行事效率，但是即便在傾聽當時做了很好的工作，但是並不一定表示完成了溝通。許多人會因為自己的許多習慣，毀掉了長期細心經營的人際關係。人際關係最重要的是誠信，誠信建立不易，但是卻很容易就破壞，而當一個人因為之前的許多個人未解因素，帶到與人的關係之中，也往往是最大障礙。當然有人認為他／她與人建立關係，純粹只是利益的考量，一旦獲利了、或是事情成功了，就不再需要經營這個關係，這樣的人也許可以安於孤單、與人浮淺互動的生活，這也是他／她的選擇，只是站在心理衛生的立場，不免會替此人捏一把冷汗，畢竟人際關係是重要的支持網路，萬一需要時卻沒有，很可能就造成嚴重後果。許多人的溝通其實最先要件就是看與對方的關係品質，如果認為與對方關係不佳，接下來的溝通效果想必也不會太樂觀；不過，若是可以進一步了解對方溝通的習性或是偏好，也不失為達成更好溝通的秘訣。

　　因為人際關係也是我們可以學習的能力之一，因此即使在心理學研究上有所謂「依附型態」與人際關係的連結，也說明了嬰幼兒的主要照顧者，若是不能與孩子建立可以信任的關係，也可能導致孩子後來的人格與人際關係型態的偏

123

誤，孩子在嬰幼兒時與主要照顧人的「呼應」愈佳——照顧人可以正確反應嬰幼兒的需求，也可以容忍孩子有時候的挫敗感——那麼就是建立孩子與外界關係的最佳模範與能力基礎。

增加溝通效果的因素

要做好溝通，不只是技術的問題，首先是要有「眞心」想要讓這樣的互動有良好效果，因此良好溝通除了上述的一些注意因素之外，還有一些增進效果的因素：

一、眞誠的態度

眞誠的態度是需要表現出來的（如專注行為），若是眞的想要溝通，就會全神貫注，不會因為自身事務干擾，或是「假裝」很專心在聽。

二、從不同角度看事情

不要只是執著於自己的觀點，而是願意（至少）從對方的觀點重新看事情。

三、幽默

幽默是雙方都有共識的行為，幽默也是一種「換個角

度」看事情，而且不是「嚴重事態」，只是輕鬆對待。幽默與「諷刺」是不一樣的，幽默的目的是要讓彼此感受舒服一些，而諷刺的目的是要傷害或是揶揄對方；另外一種「冷笑話」也只是單方面的了解，對方卻不明白，同樣無法達到可欲的效果。

四、可能影響溝通的一些檢視工作

我們許多的溝通模式或是問題其實其來有自，有絕大部分是在原生家庭中觀察與詮釋父母親與家人的互動經驗而來。原生家庭是我們學習人際互動最基本也是最重要的場域，只是一般人不會去刻意留意或覺察。家人之間的溝通有時候受制於家中不成文的規定或規則，有些雖不是規則，卻是孩子自己詮釋或解釋的結果，像是「不要」（Don't）或是「要」（Do）的規則。前者像是「『不要』跟外人提家裡的事」、「不要炫耀自己的成就」或是「要表現堅強」、「要表達完美」等。

建設性批評

一般人不喜歡被批評，因為會讓人覺得自己不夠好或不如人，但是往好的方面想，有批評才會讓我們更進步！雖然有時候我們很不喜歡敵人，但是敵人卻也是我們「最好的」

朋友，因為一般的好友不會說對我們不利的話，但是敵人卻喜歡一針見血地說出我們的「劣勢」或是缺點，其目的當然是要傷害我們，但是卻也因此讓我們更清楚自己要改進之處！

「建設性」的批評就是要讓被批評的對方更願意改善。因此，其要訣包括：

一、注意態度要謙和、溫暖。

二、用字遣詞不要帶殺傷力。

三、告訴對方你／妳在他／她的工作成果（或論文、計畫等）中學習到什麼？

四、先從對方的優勢說起，並且舉出實際的例子。

五、若要對方改善，可以採用「如果以下幾點可以做一些些改變，相信結果會更如你／妳預期」。

六、給的建議要具體、明確，而且讓對方有清楚的途徑或行動可循。

七、給建議之後，要站在支持與協助的立場，也表明讓對方知道。

第六章 親密關係的溝通障礙

　　親密的人（包括伴侶或家人）之間最容易有「溝通障礙」，主要原因無他——我們對彼此的「期待」而已！「關係」不同，「期待」也因而不同！例如家人之間，我們會以為彼此關係親近，因此許多事不需要說得太清楚、對方就可以了解，但是這樣的「期待」是不合理的，因為沒有人有這種「讀心術」。

　　家人或親密的人之間常常有的錯誤期待是：

一、「你應該知道我」

　　因為我們相處的時間夠長也夠久，所以會期待對方「很容易」就了解我們所思所感，因此如果對方的行為不符合我們的「期待」，我們自然會失望、或覺得受傷。所以我們在日常生活的對話中就會出現：「你怎麼不知道我不喜歡這樣（或這個東西）？」而從另一個角度看，也可以明瞭我們是多麼希望被了解！

　　有一個笑話是這樣。一對八歲與五歲的姊弟在家門口玩耍，正好郵差先生來了：「掛號！」姊姊於是對弟弟說：「叫爸爸！」弟弟遲疑了一下，姊姊就很生氣：「叫你叫爸爸不會喔？」弟弟於是很靦腆地對著郵差先生喊了：「爸爸。」小姐姐更是氣瘋了，急急進屋去拿了印章、收了信，然後對弟弟說：「我怎麼這麼可憐，有你這個五歲的笨弟弟？」弟弟還有點不服氣、抗議道：「那隔壁的弟弟更可

憐，他只有三歲！」在這個案例裡，姐姐「以為」弟弟了解她要他進屋去叫爸爸出來，但是弟弟可能只意會到「叫爸爸」的另外一個涵義（打招呼、稱呼人的意思），結果就鬧了笑話！兩個人認知不同，儘管用的語言一樣，也會出問題。

二、彼此「應該」坦誠

　　親近的人之間不免會先入為主地期待對方是可以信任的，因此就應該「彼此坦誠」，不需要偽裝或隱諱，然而這也造成我們彼此之間往往缺少一些「婉轉」與「禮貌」，而且會誤以為「坦誠」就是「直接」，殊不知「直接」常常會造成傷害。譬如女兒穿了一件新衣，問母親意見，母親很直接地說：「樣子是不錯，只是有點太曝露了！」如果女兒認為母親只是針對「衣服」作評論，可能還好一些，但是倘若解讀為對女兒本身「這個人」的批判，問題就大條了！「我只是問妳對這件衣服的意見，不是要妳批評我！」另外的例子是一位父親要孩子出門前多加件衣服：「天這麼冷也不知道穿外套，感冒了浪費錢！」孩子在聽到這一句話時感受如何？會想到爸爸擔心自己的身體，還是認為父親在批評自己不會照顧自己、只會「浪費錢」？如果加上父親說話時的語調是較為苛責、不友善，孩子的解讀可能更糟糕！其實親密關係的一般通則就是：全然的開放與坦承是不切實際的，也

不可能，因為每個人多多少少都有自己希望保持的秘密。事實上，我們個人對於自己有時候還「不夠」坦承與開放，因此怎麼能夠以不一樣的標準要求他人？

我們與親密的人之間有一種無理的期盼，那就是「還需要拐彎抹角嗎？」認為彼此關係夠緊密，所以省時也省力，根本不願意多花一些心思去想想對方的立場。因此，雖然親密的人之間會希望彼此之間坦誠溝通，但是忘記了另一個重要因素：因為彼此關係親密，深怕實話說出來的殺傷力更重，因此就不說百分百實話。例如，若有親人生病在醫院，以前醫師會擔心是否應該將真實病情讓病人知道，現在這個責任可能就交付在病人親屬手中，因此親人是不是要告訴病人實情（尤其是病無痊癒可能時）：如果告訴病人實情，會不會讓其灰心喪志、不想繼續奮鬥？然而如果說了掩飾病情呢？是不是會妨礙病人想要交代後事的準備？

一般生活中的溝通，還是以「誠實」為上，要不然需要說更多的謊話來圓謊，更容易出差錯！而實話也可以「婉轉」說出，不需要直楞楞地傷害人。女兒（或兒子）也許問：「媽媽，我漂亮（帥）嗎？」媽媽當然會回答：「當然漂亮（帥），我女兒（或兒子）嘛！」

「可是，隔壁的阿姨說我又胖又醜！」女兒（兒子）回道。

如果你是家長，知道自己的孩子長相平凡，該怎麼回

答？也許你可以說：

「每個人好看的地方不一樣啊，只要外表乾淨清潔就好啦！你遺傳到我們的大眼睛、俏鼻子，很好看。」或者是：

「每個人好看的地方不一樣，但是都是爸爸、媽媽的寶貝，哪一個人敢說不好看？」或者是：

「每個人長相不一樣，但是內心一定要漂亮，怎麼對待人是最重要的。」

我曾聽到一位家長這麼回答：「四肢健全，都沒有缺少，就很漂亮！」

三、溝通不完整

我們有時候話說一半、或是以為自己說完了，但是這也容易構成溝通的障礙。當我們這麼做時，可能有個預設的想法：「你應該可以了解。」以為只要說出來就是「溝通」，其實「把話說出來」只是「傳達」而已，不是所謂的溝通。

因此溝通不完整可能有幾個原因：（一）表達技巧的問題，（二）誤以為已經「完整表達」，（三）認為對方有「讀心術」（「應該可以了解我所說的」），（四）故意疏漏一些訊息，讓對方不明白或誤解。

溝通不完整，若是對方沒有「追根究底」的好奇心，可能會引發許多誤解。舉例來說：父親告訴兒子，車子該怎麼擺才不容易倒下，但是看到兒子沒把腳踏車靠好，做父親的

就快步走過去說：「我來！」

兒子看著父親的動作，心中可能想著：「我這麼無能嗎？連這個也要你來？」

「下一次就這樣做。」父親加一句：「知道嗎？」

如果你是那位兒子，心中作何感想？

父親以為經過他這麼「詳細」的解說，以為兒子「應該」了解了，但是看到兒子並沒有「依照」他的指示做，就乾脆自己動手。這樣的動作給孩子的感受就是：我是無能的！

這樣的事件若經過幾次之後，相信兒子就不會再有興趣去聽父親所說的，而父親也會認為兒子不會懂，因此會「懶得說」。最好的方式就是讓兒子去擺車子，若是不穩固，就說明加上動作，但是一定要先肯定兒子的作法是對的！

另外一種溝通不完整的例子就是：我們常常因為與溝通對方的關係而有不同的期待，因此偶而會留「一手」，像是：

男友：「妳要不要去？」

女友：「我不想去。（除非你陪我去）」括弧內的是「完整表達」所缺漏的語句，倘若在這例子中的男友不夠敏銳、沒有再接著問：「如果我也去呢？」因此很可能就採信了女友「表面上」所說的涵義，反而沒有機會讓女友表達真正完整的意思。女友可能有一個「假設」（「我是你女朋

友，你應該會知道」），所以即便語意未表達完全，也可能會期待男友繼續追問，或是把她的真正意思說出來，然而如果溝通就此打住或完結，可能彼此都會留下一些情緒的「殘留物」（像是氣憤、不解、莫名奇妙等負面感受）。

在溝通不完整的情況下，聽的對方若不理解，那麼在正常情況下，他（她）應該會做進一步行動，也許表情或是動作上會有困惑或遲疑，這些都是很好的線索，說者可以進一步去釐清，或是說者發現自己可能表達不清楚，也許確認一下對方是否了解會更好，然而倘若這些動作都沒有做，可能的誤解就逃不了了！偶而，父母親會發現與子女對話，孩子通常也不會有回應，因此常常不能了解孩子到底懂了沒？或者父母親會加一句：「懂了嗎？」孩子也是虛應一應故事，若是所說的事很重要，也許就請孩子摘要重點說一下，做一些確定。

四、沒有及時回應就是「拒絕」

一般人對於「反應」是很在乎的，如果甲發問了，就會希望乙立即作答，要不然沒有得到回應就可能認定是「否認」或「拒絕」，也就是會有不同的解讀，這也是會妨礙溝通的重要因素。沒有及時回應可能是因為當下不知如何回應、或是有其他的顧慮、還是認為沒有回應的必要性，這些都有可能，最清楚的溝通就是再詢問一次，確定對方的回應

為何。

1. 我才「懶得」跟你說

有時候，當我們所說的（甚至說了很多遍）沒有被聽見，或是沒有被了解，我們就容易放棄、不再說，這樣的情況常常出現在與我們關係相當親密的人身上。說話有兩個極端：「不說」與「說太多」其實都不好。但是當有一方決定「不說」之後，就會有許多後遺症出現，甚至到有一天已經沒有互動的「習慣」，要再「撿起來」就有點難了！總是有些疙瘩在，而這些「疙瘩」是從哪裡來的？通常就是「認知」（想法）裡面所孕育出來的；由於不溝通，所以許多的動作都由自己來解讀，沒有其他的參照標準，當然更無法去做「驗證」，因此如果甲把門關得大力一點，乙可能就會解讀成「哼，跩什麼跩？」而甲可能是因為不小心或風大才有那個關門動作，卻無法將真正原因傳達給乙知道（或許甲也根本不在乎乙會有什麼誤會了）。一段時間過後，甲、乙二人見了面，火爆場面就出現，旁人可能丈二金剛、摸不著頭緒，但是甲、乙二人「心中」積怨已深！

我們對於自己在乎的人會很希望對方了解我們的感受與想法，自信心低的人會很在乎「每一個人」的感受，但是這樣反而讓自己更無信心──因為要討好的人太多了，根本做不到！當然，當我們行年漸長，開始會在關係中取捨，有些關係根本不重要，或者是維繫起來相當艱難，你就必須要放

棄。因為「溝通」跟「關係」一樣，都是雙向的管道，也都需要彼此雙方的投入才可能維持，倘若只是「剃頭擔子一頭熱」，是很難維繫關係的，「溝通」當然也一樣，像是「給一予」（give-and-take）的關係，基本上要公平、互相，要不然一方只是聽，另一方只是說，這樣的情況不會維持太久。

雖然有些關係可以做選擇，但是當我們已經在某些較不能選擇的關係（如手足、親子、或父母）中時，偶而也必須為「共同的最大公約數」著想，因此也不能放棄溝通。

通常在家裡，如果親子、夫婦或手足之間有過爭執之後，家裡的情緒氣氛就變得相當緊張，而通常任何一方都不願意提起這個爭吵事件，事情似乎回歸「正常」了，每個人的表現就好像事情不曾發生過那樣，主要是因為家人之間要避免另一場爭吵或難堪之境，但是這樣的「不提起」與「忽略」策略，卻因為沒有機會將問題作適當的解決，下一次還是會發生，而且似乎變成一種惡性循環，或是固定成為家人溝通的一種「模式」。發生過的事不能夠假裝「什麼事都沒發生」，可能因為彼此某個環節沒有說清楚、甚至有誤解，因此這個「結」還是存在，需要去「解」。

2. 不知道要說些什麼

有些人的不回應其實是不知道要說些什麼。像是老婆老是叨念自己賺的錢不夠多，讓她很沒有面子，但丈夫就是這

樣的收入，也不知道要怎樣去廣進財源，因此對於這樣經年累月的抱怨已經習以爲常，說了也是白說，乾脆噤口不言。有時候孩子受到責罵，不敢違抗父母的威權或是意見，所以就低頭不語，擔心回嘴之後情況更嚴重，徒然惹惱雙親而已。這兩個案例其實都可能因爲考慮到擔心會「破壞」關係，所以退縮、沉默。然而這樣的表現卻也是很容易讓對方誤解的，以爲對方是在做「沉默的抗議」或是「消極的抵抗」，因此必要時也要做一些動作來彌補，避免可能的誤會。

五、溝通一定要用「說」的

對於一般擅長說話的人來說，語言溝通應該不會是問題，但是年紀小、或是不善於語文表達的人怎麼辦？很多人誤以爲溝通一定是要用「說」的，因此也堅持對方要花時間跟他／她說，如果你聽到「他都不跟我溝通！」這樣的抱怨，應該不會意外！之前提到「溝通」不只限於語言管道而已，因此只是專注於「語言」的溝通，不一定就是最有效的！與男童或青少年相處的經驗，我發現要在活動中進行溝通比較順暢，也許跟他們打個球、邊打邊聊，或是在中間休息時聊一聊，通常這樣的溝通比較有效，而不是直接跟他說：「我們坐下來談。」結果通常只是四目相對而已！

六、溝通就是「比大聲」

有些人誤以為若是對方不了解，那麼就把聲音揚高、音量放大，以為對方就可以了解，問題卻不在此！倘若溝通出問題，聲音再大也無濟於事，反而是若要試圖溝通，語氣與態度非常關鍵，語氣和緩平和，態度友善堅定，才是想要達成共識與了解的最佳表現。

親密關係的溝通

人與人之間因為是不同的個體與不同背景經驗，因此有不一樣的想法是必然的，偶而也會因為意見不同、或起衝突，但是無礙於親密關係，但是也有人因為「溝通不良」而漸行漸遠。親密伴侶之間若要有更親密的發展，溝通就變得非常重要。

一、尋求最大公約數

親密關係人彼此之間可能會因為意見想法的差異而會有一些爭執或衝突，但是爭執與衝突也可以是溝通的一種途徑，因此不需要在爭執或衝突過後留下負面的情緒或未解的情結。要做良好溝通，彼此之間尋求「最大公因數」是最好的方式，也就是去思考彼此之間有沒有共同謀求的目的？例

如一對夫妻吵架，到底是要爭誰對誰錯？還是誰比較吃虧？倘若只是爭「對錯」或「輸贏」，可能會將彼此的關係做了犧牲，於是我們可以退一步想：到底兩人之間最重要的是什麼？是要因為爭執而破壞關係？還是想要讓彼此的關係更進一步？因此在這個例子中，「讓彼此關係更進一步」就是最大公約數。以「最大公約數」（也就是對彼此最重要的）為考量，接下來的溝通就會比較聚焦，也減少傷害。在溝通之前先去思考：「什麼是自己想要的溝通結果？」如果只是爭輸贏，那麼會不會破壞了彼此的關係？有位朋友說他跟老婆吵架，覺得老婆無理，我問：「爭輸贏有那麼重要嗎？」他說：「我沒有爭輸贏，我只是要告訴她什麼是對的。」我說親密關係中「輸贏」、「對錯」其實不重要，重要的是彼此的關係。如果他與老婆的對話只是要「證明」他是對的，那麼犧牲關係也不要緊嗎？

二、先說對方想法的優勢，然後再做適當的建議

有時候親密關係的兩造會因為「關係太近」，而忘了顧慮到對方可能有的感受，所以直言無諱，之所以直言無諱，可能就是假設「都這麼親近了，還要什麼禮數？」特別是要做一些批評與建議的時候，不妨先具體說明對方意見的優勢，然後再「視情況」給予建議。為什麼要「視情況」而定呢？也許對方不喜歡建議，或許對方不需要你的建議？如果

你真的認為不給建議無法正視聽，或是會疏忽職守，那麼就說：「剛才說的這些真的很棒，如果要更進一步，我也可以分享一些我的看法。」或是「假如可以做一點點修正，結果會更棒！」

三、理直氣婉

我們常常會因為彼此關係親近而忽略了該有的禮貌與考量。親密的人之間可能因為關係，所以就忽略了該有的禮貌與同理，因此常常「直言無諱」、「理直氣壯」，第一個當然是傷了和氣或關係。「理直氣婉」還是可以溝通啊，為什麼要把場面弄僵？搞得彼此下不了台？你不需要說：「我很討厭妳這樣做。」你可以說：「我覺得很難過，因為妳這樣做好像很不尊重我。」

四、對方也需要尊重

每個人在溝通過程中除了溝通清楚、傳達無礙之外，也需要對方尊重，但是「尊重」不是說出來的，而是表現出來的「態度」。有一位男士常常認為別人對他不夠尊重，問題是他常常不尊重別人，甚至還會讓人當場難堪！一個人的尊重是「贏來的」，而不是「想當然耳」要別人尊重就獲得尊重。溝通也是雙向道，你對我有禮、我自然回之以禮。

五、站在對方的立場設想（同理心）

想要對方了解的第一步，是要先了解對方。如果可以站在對方的立場去思考、去感受，就較能了解對方為何有這些想法與感覺，就更能夠理解整個脈絡，在溝通時就不會有太自我中心或不體諒的問題產生。

六、對錯不重要，重要的是「關係」

「我對你錯」是一般人常常會犯的毛病，但是在溝通上這並不是最重要的。配偶或是夫妻之間的關係尤然，犯錯是每個人都會有的，但是都可以給予機會改正，只是堅持自己總是對的、做正義的化身，卻不是維持或是增進關係的正確方法，反而讓對方覺得自己「配不上」、「有瑕疵」，同時覺得你／妳是「完美」或「冥頑不靈」的，這樣的成見愈深，可以做良好溝通的機率就愈小。

七、多些自嘲與幽默

幽默是親密關係中的潤滑劑，可以讓看似嚴重的問題有個轉彎處，情況就不會太嚴重。幽默是「兩個巴掌」的工夫，需要對方也認可，只要一方不認可，就不是幽默，反而容易被解讀為「來亂的」或是「嘲諷」，結果可能適得其反！幽默也要從豐富的生命經驗來，就可以從較寬廣的角度

來看同一件事，當然每個人的生命態度也是很重要的關鍵，不過，幽默的養成也可以從「自嘲」開始，如果個人可以坦然接受自己的限制或缺點，而且以不傷害的觀點視之，他人也就容易接受。

第七章　從一個溝通的理論（溝通交流分析）談溝通模式

心理學上有個「溝通交流分析」理論（TA），是以人際溝通來看每個人的個性與生活型態。一般說來，溝通涉及幾個層次的情況：（一）生理層面──主要是指物理環境；（二）社會－心理層面──指的是彼此的關係與位階、正式或非正式場合溝通時的情緒狀態等；（三）文化層面──生活方式、信仰、價值觀等會影響不同文化或種族的溝通；（四）時間層面──時間適不適當的考量。而「溝通交流分析」論者提到溝通的「心理」與「社會」兩個層面的訊息，前者指的是表面上的、「適合文化」或「適合社交場合」的訊息，後者指的是個人真正想要溝通的部分，這也許說明了溝通最難的層次──就是「心理」訊息，畢竟不像是字面上那麼清楚，還需要去考慮底層的、隱藏的意義。

每個人內在都有父母、小孩、成人這三種「自我狀態」，只是有時候需求不同，表現出來的也不一樣，每個人的自我狀態可以依時空或情境而做不同調整，就是健康的，倘若只是執著其一、不知變通，就可能會遭遇到許多人際方面的困擾。溝通會因為個人需求不同，所以表現出不同的「自我狀態」（父母、小孩或成人），而「父母」的自我狀態指的是從父母親那裡所複製或暗示而來的訊息，「小孩」的自我狀態是自發性、或是順從的小孩，是個人情緒與直覺的部分，而「成人」狀態則是依據現實的客觀判斷、較為理性的部分。我們在親密、可信任的人面前，不需要

假裝自己、或是僞裝做作，也許可以表現出較多的「小孩」狀態；如果是想要從客觀、公平的角度來分析、判斷，或做重要決定時，可能需要較多的「成人」狀態；而在需要教育（訓練）、建議或是關愛的情境下，「父母」狀態就是最適當的。將三種自我狀態運用在溝通互動裡，就會出現不同的「內在動力」情況（也就是個人內在需求的呈現），溝通的模式因此可以分爲：

一、互補溝通

彼此是在「互補」的自我狀態，可以滿足彼此想要溝通的需求，這樣的對話可以持續很久，像是：

【案例一】

妻子：「今天出去吃好不好？」（自我狀態「小孩」）

丈夫：「好啊！妳想吃什麼？」（自我狀態「父母」）

> 【案例二】
>
> 　　同學甲：「你功課做好沒？」（自我狀態「父母」）
>
> 　　同學乙：「還沒有。」（自我狀態「小孩」）

二、平行溝通

　　彼此都在同一個「自我狀態」中，溝通也可以一直持續下去，像是：

> 【案例一】
>
> 　　妻子：「真的好美喲！」（自我狀態「小孩」）
>
> 　　丈夫：「是啊！真想跑過去踩一踩（水）！」（自我狀態「小孩」）

> 【案例二】
>
> 　　哥哥：「不要出去玩，很危險！」（自我狀態「父母」）
>
> 　　弟弟：「我不會出去玩。」（自我狀態「父母」）

三、曖昧溝通（或「交錯溝通」）

也就是表面上傳達的與眞正想要傳達的不同，導致對方需要去猜測。

【案例一】

女友：「人家好累，不想出去。」（表面自我狀態「小孩」，內在期待對方的反應是「小孩」）

男友：「可是已經説好了！怎麼可以臨時變卦？」（表面自我狀態「成人」，內在期待對方的反應是「成人」）

【案例二】

小孩：「我可不可以打電動？」（表面上自我狀態是「小孩」，內在期待對方的反應是「小孩」）

家長：「你自己做決定。」（表面上自我狀態「成人」，內在期待對方的反應是「父母」）

「平行」與「互補」溝通可以讓溝通持續下去，但是「曖昧」溝通常常讓彼此留下不好的感受，也就是沒有達到自己想要的目標或是回應。因為「溝通」涉及太多因素，因此即便是很單純的「溝通」也不一定可以達成預設目標，變得很複雜。

溝通的目標通常是希望可以取得了解、共識，而不是為了要破壞關係或傷害對方，但是有時候善意的目標沒有達成，反而造成傷害或關係損毀，這些難道始料未及？還是預料中事？

溝通與自我覺察

我們在與人溝通時，也要有自我覺察的工夫，除了去了解對方想要的是什麼之外，也要忖度自己的能力或是意願，與之前的「同理」互相為用。像是：

　　「我現在很急，一定要用到這筆錢，你一定要幫我。」甲說（乙這個人之前借過我，這一次也應該沒問題）。
　　「可是我手邊沒有這麼多錢。」乙道。
　　「你會見死不救嗎？」甲哀求（乙這個人很重義氣，應該會借）。

「我就是沒有這麼多錢，」乙說（何況甲之前借的也還沒有還，簡直把我當財神）：「不是我可以幫上忙的。」

「那我死定了！」甲說：「我一直把你當好朋友。」（意思是說「連好朋友都見死不救了」）

「既然這麼重要，我們一起想想看有沒有其他辦法？」乙道。

「算了，我去找別人！」甲掉頭而去。

可以看出來，「溝通」不是表面上所表現或表達的而已，內在（或隱藏）部分有許多情況在進行。

前一陣子與同事們提到我們的母親們說話很不直接，不敢「要」想要的，總是以間接形式溝通，像是：

「媽，我們今天出去吃，不用煮了。」女兒道。

「不要吧！家裡還有東西，不要浪費食物。」母親說。

「哎呀，我們也是難得出去吃，就不要做（飯）了。」女兒慫恿。

「還是不要啦，出去很麻煩。」母親說。

「走啦，去換一下衣服。」女兒推母親進房。

　　過一陣子母親出來了。

　　　「還是不要去，幹嘛浪費？」母親的語氣已經
比較緩和，但是還是站在客廳猶豫。

　　　「走了！」女兒推母親出門。

　　之所以有這樣的「劇情」出現，是因為我們母親的內心
還是有傳統女性的約束在裡面（不敢自私），因為女性被期
待要「無私」、「犧牲奉獻」，因此必須要「先考慮」其他
人的需求。前例中的女兒充分了解母親的心理，所以一直使
用「催促」的方式，但是不必說破（「媽，不必這樣虧待自
己」），還是可以讓母女好好享受一頓晚餐。

分析過去的溝通模式或習慣

　　個人過去習慣的溝通模式也可能影響與人的溝通。像是
我們會說男性較為沉默、不擅於口頭溝通，而是以行動表
示，而女性就可以坐下來談話，也較以口語溝通方式進行，
但是許多個人溝通模式是很個別化的，可能與之前的溝通習
慣或經驗有關係。像是有人以前曾經因為無法完整表達自己
的意思，所以也養成這樣的形式，與人溝通時話「常常只是
說一半」，需要別人替他／她完成或作補充：

「我想就這樣好了，沒關係。」甲說。

「什麼是『這樣好了』？」乙問。

「就是還是照以前的那樣。」甲道。

「照以前的方式？你是說我負責去說服，你去執行？」乙問。

「差不多是這樣。」

這樣的溝通方式，若是熟人還好，萬一對方搞不清楚，情況豈不很難預料？

還有人溝通到一半會說：「哎呀，我也不會說啦！」或者是碰到較有挑戰的議題或是需要做決定時，就會保持沉默或是思考太久。男性普遍被認為較不擅長口語溝通（當然也有例外），因為訓練不夠，加上社會期待不同（男人不應該「多話」），所以有時候採用女性習慣的對話方式（像是追根究底），也許就可以問到重點或核心。例如：

【案例一】

男生甲：「有什麼事嗎？」

男生乙：「沒有。」

男生甲：「喔。」

其實看得出來男生甲的確有心事，只是與他對話的是另一位男性，不太會追根究底。

【案例二】
　　女生：「有什麼事嗎？」
　　男生：「嗯，沒什麼。」
　　女生：「看起來你好像有話要說，沒關係，
　　　　　說說看。」
　　男生：「我今天出門的時候發現……。」

從TA看溝通的運用

溝通交流分析的理論是要我們注意到彼此的需求，而這些需求有些是很隱諱、曖昧的，因此可以儘量避免，省得引起誤會或不快。每個人內心裡都有「父母、成人、小孩」三種樣態，「父母」是自小受父母家長薰染的成果，接收的是父母親的想法與觀念，甚至加上自己的想像與假設，成為許多的「應該」，當然這也包含了社會文化的一些規範；「成人」是理性、客觀的評斷，講求資訊與證據，但是缺乏情感；「兒童」則是天然、自我的部分，靠直覺與衝動，因此不免會犯錯。成熟、有彈性的人，這三種樣態都會做彈性的

適當運用，不會拘泥於其中一種（太多「父母」則威權、不知變通，太多「成人」則無趣、冷血，太多「小孩」則衝動、無節制）。當然溝通的內涵與脈絡其實不是單一理論就可以解構或是說明，但是可以作為參考，這也是我們在面對許多不同溝通理論或是觀點時可以抱持的態度，「溝通交流分析」解釋的人際互動也可以是我們參照的觀點之一，然而也不需要執著，畢竟人際互動是動態的、持續變化的，有許多的因素需要列入考量。

溝通所玩的遊戲也是溝通目的之一

有些溝通是沒有明確目的的，可能只是閒聊、打發時間，但是這就是目的。曾經有位朋友提到與母親的對話，話是從她上樓看見送批薩的開始，然後母女倆就開始談起應該是四樓的哪一家叫的，因為他們的孩子常常買披薩吃，然後又談起披薩的營養與現代人的飲食習慣，結果在一旁的外甥聽不下去了、打岔道：「你們說的話很沒有營養咧！」母女倆相視而笑，因為外甥不知道其實對話還有聯繫感情、打發時間的功能。如果說不同形式的溝通也有同樣的功能，我們就比較能夠了解為什麼人類需要一直不斷地玩這些溝通的遊戲了！只是TA提醒我們溝通不只是表面上的語言互動，還需去看見彼此心理的需求為何，也不要光是玩遊戲，結果卻讓彼此的感受很不好，這當然不是我們所期待的！

第八章　衝突與溝通

　　溝通碰到的最大障礙可能是「衝突」，一般人不喜歡與人有衝突，尤其我們東方人，重視的是和諧的人際關係，比較不喜歡與人起衝突，也因此一般人對於衝突會有一些迷思，像是：有衝突就表示關係不佳，有衝突會影響關係，與人有衝突表示他人對我的印象不佳等。但是與人互動過程中，總是不可能一帆風順，平日我們會發生一些意見不合的小衝突，也許過了就算了，但是人很奇怪，心裡會藏著兩樣帳本（好與壞），有時候與此人的小衝突未獲得滿意的解決，可能就像蒐集郵票或超商點數一樣，到了某一個關頭就會爆發大的衝突，這也提醒我們要善於處理小型的衝突。如果將「衝突」視爲溝通的一種，也許就不會有那麼多負面的感受，因爲即使是最有默契的朋友或伴侶，還是有意見不合的時候。

　　溝通不會無往不利，因此會有衝突產生。衝突可能是因爲雙方要達成的目標不同（例如：一對夫妻中，丈夫可能想要先買房子，但是妻子認爲存一些教育基金較重要），或是一方會干擾到另一方的目標（如前例，買房子與存基金的目標會互相扞格），或者是其中一方會影響另一方（如前例，買了房子就會影響教育基金的儲存）。我們在日常生活中偶而會與他人有意見不同之處，或是討論一些生活事件（如電影情節、老師是否公平），但是倘若發生在有關係的人身上（如家人、朋友或情人），問題就可能較爲複雜。

　　有時候因為競爭，所以發生衝突，這個時候通常是為了捍衛受傷的自我而表現出攻擊性，手足之間也常常有這樣的情況發生，有時候就是認為父母親偏愛或爭寵，這個時候就要去了解衝突雙方的「受傷自我」是怎麼一回事，而不是一律處罰或勸退而已！如果家長常常介入子女的爭吵，子女就無法學會如何處理衝突或與人共處的藝術，如果家長情緒不佳時找子女安慰或訴苦，也是因為「界限」不明，讓子女承擔他們無法承受的負擔。如果將衝突視為溝通的一部分（當然也是人際關係裡的正常情況），好好善用並把握做更好的處理，衝突也是給我們學習的機會。一般人處理衝突的方式類似，有的當場爆發情緒，甚至動用武力，有的退縮沉默希望時間趕快過去，有的會以息事寧人的態度，承認都是自己的錯，但是內心裡卻感到委屈、不諒解，這些反應的方式有時候會顧慮到「後果」而有不同表現，有些則是不顧後果，豁出去了。

　　我國傳統的家庭以「和」為貴，所以對於衝突的處理常常是很消極的，拿到現在的定義就是不符合心理健康的原則。如果教孩子壓抑情緒、不讓衝突浮現檯面，當然也就是不處理，可能會讓孩子覺得有（某些）情緒是不被接受的或不好的，孩子以後可能在與人關係上的情緒感受會很有限，甚至拙於表達，但若是任由孩子爆發情緒、不知節制，當然也會影響其後來的人際（包括親密）關係以及行為處事。

　　衝突不僅會影響彼此情緒、對自己或對方的觀感，也讓人覺得精疲力竭，也會緊縮自己對人的開放度。衝突可以視為是彼此之間的溝通需要檢視的警示，可以藉此讓彼此更開放溝通，關係更好，衝突其實也是一種溝通的方式，只不過一般人不太喜歡。我曾經目睹一位同事因為在馬路上停車，而與車停處前的屋主產生爭吵，那是我第一次發現自己多麼害怕衝突！

　　在處理衝突時，切記不要讓對方覺得很丟臉或困窘，也不要將衝突搬上公共場合。美國的中學有所謂的「協調人」（mediator）訓練，主要目的就是以同儕的角色來減少或調節人際衝突，我們的法院有「家事調節庭」，也希望發揮同樣的功能。這些訓練通常是：（一）讓雙方都可以有充分的時間說明事情發生經過與自己的立場；（二）讓衝突的彼此可以說出自己想要達到的目標為何？（三）思考出雙方共同的點或是目標，然後協調出可行的方向；（四）若無共同點或思考，彼此可不可以退讓一步，看見此次衝突之後對方的優勢，互相道歉或是和好。

　　衝突發生，就要靠我們彼此的能力能否好好解決這個問題？因此有一些事項可以協助：

　　（一）不要在大庭廣眾之下起衝突，選擇在較為私下、隱密的處所，因為每個人都要面子，在眾目睽睽之下與人起衝突，也增加了額外的壓力，甚至容易讓人變成「理虧而氣

壯」，把場面弄得更難堪。當然有些人故意在公共場合與人起衝突，可能有其他的用意在（像是有旁人作證、藉此大肆宣揚醜聞等）。

（二）衝突的發生是為了要做更好的溝通，所以要針對事情來說，不要說得太抽象又概括，這樣也有利於問題之解決（例如，不要說「我很討厭你」，而是「你挖鼻孔的樣子真討厭」）。

（三）如果只是針對過去不能改變的事情爭吵，通常效果不佳！把焦點放在可以改變的目標上，也許比較容易。

（四）衝突的當兒，或許其中一方就可以決定是否繼續下去，或是離開現場，讓彼此有機會消消氣，或是思考一下，因為衝突發生時，彼此的情緒都很糟，繼續下去會愈來愈難控制情緒，愈惡毒的話也會說出來。有些人在有衝突時，不希望對方離開現場，那麼可以先告知對方「三分鐘之後我會回來這裡跟你／妳說」，爭取一些時間與空間。

（五）設法去看見彼此共通點，而不是差異處。可以先同意對方的看法，然後說出自己的理由。

（六）強調你對於彼此關係的重視，希望這次衝突不會影響你們的交情。

（七）有衝突時，我們常常會「爭最後一名」，也就是誰要是說了最後一句話就贏了！吵架不需要吵到誰輸誰贏，也許可以讓彼此都可以讓對方看到你／妳的立場與觀點，雖

然對方不一定要同意。

（八）若是你／妳在乎這個關係，你／妳在衝突中會希望扮演較為積極的角色，也就是「積極」尋求問題的解決之道，也「積極」負起該負的責任（包括自己在衝突中的錯誤）。

（九）有位傳播名人提到與先生吵架，會一面思考如何讓自己有台階下，這樣的想法也很不錯，至少不會將衝突情況弄得不可收拾。有位朋友與先生在婚前就說好，吵架或衝突之後不能「離家」，兩人也遵守這樣的約定，因為他們認為一旦走出家門，許多事都變得不可控制，反而更容易破壞彼此的親密關係。

每個人都是獨特的，因此意見不一樣是正常，也因為每個人看法與觀點不同，這個世界才會多采多姿！有一位朋友很幽默地說：「我跟我老婆從來都沒有衝突，我們只是大聲說出自己不同的意見！」衝突時不要做「歷史學家」，也就是把過去的總總都臚列出來，像清總帳一樣，這就像是把對方的瘡疤挖出來，再灑一撮鹽一般，只會讓對方更痛苦；也不要做「預言學家」，無根據地預測對方以後會如何？（如「怪不得你前妻會離開你，看來是每一段感情你都是這樣經營的！」或是「以後你就知道你／妳這樣對我是錯的。」）這樣讓對方覺得事情永遠無法改變，也無法破除你／妳對他／她的印象。此外，我們在衝突發生當兒常常會使用攻擊或

是侮辱的字眼，甚至是對方認爲自己最痛的痛處，其目的只是希望能「贏」而已，但是這樣的作法要付出的代價太大，倘若是發生在親密關係中，可能就會留下不可抹滅的傷痕！像是「你／妳自己就生不出孩子！」或「好啊！走就走！離婚就離婚！什麼了不起！」

衝突最先處理的是情緒

衝突一旦發生，彼此都會有被引發的情緒需要先覺察與處理，有時候事情獲得解決或是所表達的意見有沒有被了解並不是最重要的。例如：

【案例一】

「我就是不想出去，我覺得很累、很假。」丈夫說。

「你是說要去應付那麼多人，感覺很累，而且你不是很喜歡某些人，假裝不起來，所以覺得很假。」（覺察到對方可能有的情緒）

「就是這樣，而且不像我自己。」丈夫道。

「我了解你的感受，其實我也不太喜歡這樣的場面，只是大家都是親戚，偶而還是會碰面。」

妻子說。

「好吧，我陪妳去，但是只待一個小時。」
丈夫說。

「好，我到時候會先跟我媽說。」

【案例二】

「爲甚麼我一定要去？我有自己的事要
做。」兒子說。

「我知道你覺得不方便，出門也很麻煩，可
是我們一家人難得聚在一起吃飯，可不可以破例
一下？」媽媽道。

「可是很煩呢！」兒子說。

「是啊，我本來也想在家隨便吃吃就好，但
是也想要吃特別一點，這樣好了，我們出去吃，
然後你覺得要提早離開也可以。」

我們從衝突中學習什麼

衝突是人際關係的常事，因此談溝通不能免除衝突這個
議題。衝突是因爲每個人都會有不同的思考或意見，因此偶

而會有「歧異」出現，這在目前多元的社會其實是被鼓勵的，也應該尊重。意見不同並不表示彼此就不能好好溝通或相處，反而因為有不同的意見，讓我們可以學習更多不同觀點，可以開拓自己的視野。倘若將衝突視為溝通必要的前兆，這也是很好的學習，畢竟兩個不同的人，就會有不同的思考，即使是最親密的家人或伴侶，可以尊重彼此不同的想法與觀點，也有機會說出來讓彼此知道，其實就是信任與愛的表現。總結來說，我們可以自衝突學習到的是：

（一）了解也尊重彼此是不同的個體，有不同的想法。

（二）可以從對方不同的思考角度，拓展自己的視野。

（三）有衝突浮上檯面是好的，不需要隱忍或是為了維持表面的和平而委屈自己。

（四）「衝突」就是不同意見的突顯，也就是需要進一步的了解、商量與妥協，讓彼此關係更緊密。

（五）衝突也可以交會出不同思考的火花，但是不需要將其「個人化」，或是責怪對方不體貼。

（六）善用衝突所引發的關係議題，讓彼此有機會營造更佳、更想要的關係。

第九章 總結與前瞻

　　溝通是現代人面臨的一個議題，也是人際關係最關鍵的一環。溝通也是人類重要的基本需求，因為人需要被認可、被了解，也想要有與人連結、有歸屬感。在本書中以簡單的案例來解釋有效溝通的方式、需注意的溝通條件、以及增進溝通的方式，讀者若可以將這些論點做實際的練習與運用，或許可以有更豐碩的收穫！

　　溝通不是與生俱來的能力，而是需要練習與學習的能力，因此不必羨慕他人，這也可以是我們可以達成的目標、養成的能力之一！與一般人的溝通及與親密關係人的溝通是不一樣的，因為還要涉及彼此的關係，有時候可能會讓溝通更困難，因而要將眼光放在彼此的「共同」目的上，不要因為一時的意氣之爭，賠上了珍貴的關係！

　　每個人在溝通中所需求的目標不同，有時候需要安慰，有時候需要玩耍，有時候需要認可，有時候則是要完成交易，如果可以了解自己與對方的需求，讓彼此的需求可以獲得某種程度的滿足，自然溝通結果就較令人滿意。溝通是有彈性的，可能因為面對的對象不同而有變化，也可能因為不同話題與目的而有差異，因此需要做適當的調整。此外，從溝通中可以讓我們更清楚自己是誰、要的是什麼、最在乎什麼人，以及自己可以改進的地方為何，溝通可以讓我們滿足與人連接、互動的需求，不感到孤單，也可以在與人的互動中學習到許多經驗與道理。透過溝通，我們可以知道不同的

人、經驗、感受與世界觀，彷彿給自己打開了通往世界的其他窗口，看見不同的故事與事物，同時也可以映照、反省自己。

「溝通」不是在上位者或是做公關者的擅長與必須，而是每個人都可以擁有與享受的能力，好的溝通讓自己有信心、周遭的人喜歡，也讓彼此生活更豐實、有趣。

讀者諸君也許閱讀過不少有關溝通的書籍，這一本書是不是有許多雷同或是意外？也只有讀者們的反應才可能知道。最後與讀者們分享一些心得：

（一）溝通管道有許多，善用自己喜歡的、也開發不同的管道，不要只限於一種。

（二）「有心」比溝通技巧更重要，關係是需要努力經營的，不是垂手可得。

（三）溝通的態度很重要，不要傳達了「情緒」，卻沒有將真正的傳達到位。

（四）「同理」，站在對方的立場設想，可以讓我們更有人性，也更能達到溝通效果。

（五）溝通需要練習，給自己時間與機會將這項能力變得更嫻熟。

國家圖書館出版品預行編目資料

關鍵溝通，讓你更成功／邱珍琬著.--初
版--.--臺北市：書泉,2012.05
　　面；　公分
　ISBN 978-986-121-735-2（平裝）
　1.人際傳播　2.溝通技巧
　177.1　　　　　　　　　101001893

3Z08

關鍵溝通，讓你更成功

作　　　者 — 邱珍琬(149.29)

發 行 人 — 楊榮川

總 編 輯 — 王翠華

主　　　編 — 陳念祖

責任編輯 — 李敏華

封面設計 — Karrie

出 版 者 — 書泉出版社

地　　　址：106台北市大安區和平東路二段339號4樓

電　　　話：(02)2705-5066　　傳　真：(02)2706-6100

網　　　址：http://www.wunan.com.tw

電子郵件：shuchuan@shuchuan.com.tw

劃撥帳號：01303853

戶　　　名：書泉出版社

總 經 銷：聯寶國際文化事業有限公司

電　　　話：(02)2695-4083

地　　　址：新北市汐止區康寧街169巷27號8樓

法律顧問　元貞聯合法律事務所　張澤平律師

出版日期　2012年5月初版一刷

定　　　價　新臺幣220元